ANATOMÍA OCULTA

La iconografía del cuerpo humano en las ciencias esotéricas

ANDREA PELLEGRINO

ANATOMÍA OCULTA

La iconografía del cuerpo humano en las ciencias esotéricas

EDICIONES OBELISCO

Si este libro le ha interesado y desea que le mantengamos informado
de nuestras publicaciones, escríbanos indicándonos qué temas son de su interés
(Astrología, Autoayuda, Ciencias Ocultas, Artes Marciales, Naturismo,
Espiritualidad, Tradición...) y gustosamente le complaceremos.

Puede consultar nuestro catálogo en www.edicionesobelisco.com

Colección Magia y Ocultismo
ANATOMÍA OCULTA
Andrea Pellegrino

1.ª edición: enero de 2018
3.ª edición: mayo de 2023

Título original: *Anatomia Occulta*

Traducción: *Manu Manzano*
Corrección: *M.ª Jesús Rodríguez*
Diseño de cubierta: *Isabel Estrada*

Edita: Ediciones Obelisco, S. L.
Collita, 23-25 Pol. Ind. Molí de la Bastida
08191 Rubí - Barcelona
Tel. 93 309 85 25
E-mail: info@edicionesobelisco.com

ISBN: 978-84-9111-293-8
Depósito legal: B-28.314-2017

Impreso en España en los talleres gráficos de Romanyà/Valls S. A.
Verdaguer, 1 - 08786 Capellades (Barcelona)

Printed in Spain

PRÓLOGO

«No hay nada en el cielo y en la tierra que no esté también en el hombre», dijo Paracelso.

Junto a la anatomía clásica, de pertenencia exclusiva a la ciencia, existe una anatomía interior y oculta que estudia la parte espiritual del hombre y el reflejo de su estructura sutil como imagen perfecta del macrocosmos. En esta visión, el cuerpo humano representa un verdadero universo en miniatura que reproduce la perfección y los mecanismos de creación en sus implicaciones tanto físicas como psicológicas.

Culturas y filosofías de todos los tiempos y lugares han sido capaces de concebir un complejo sistema simbólico profundamente unido al cuerpo humano, concebido como un templo sagrado al que amar, conocer y respetar. Un templo en el que el iniciado debe ser digno de aprender los secretos guardados en su interior. Sólo entonces será capaz de entender mejor la naturaleza de su alma y el valioso revestimiento que la guarda.

Esto es posible únicamente si se sabe leer e interpretar el lenguaje universal de los antiguos símbolos y alegorías. El símbolo, concebido como un lenguaje universal, acompaña al hombre en su camino desde siempre. A diferencia de la expresión que se realiza con el uso de la palabra, los símbolos tienen la prerrogativa de conservar el significado y el sentido contenidos en ellos. De este modo, el concepto que subyace al símbolo es transmitido y comprendido por personas y pueblos de diferentes culturas, geografías e historias. En este sentido, se comprende cómo el poder de los símbolos es capaz de reconducir a la humanidad a un único origen común. Origen que se remonta a la manifestación del espíritu. El pensamiento, como expresión del lado espiritual, puede captar la verdad, pero necesita del lenguaje para poderla traducir y comunicar. A nivel simbólico, así pues, el hombre siempre ha tratado de transferir y unir su ser con el Cosmos para sentirse un elemento de pertenencia a lo creado visible e invisible. Por el contrario, incluso las maravillas del cielo han sido siempre representadas de un modo antropomórfico.

El término «símbolo» deriva del griego *symballein* ('reunir', 'juntar') y en la Antigüedad se utilizaba para definir dos o más piezas en las que se descomponía un objeto, el cual, una vez vuelto a montar, permitía reconocer la identidad de sus portadores. Un ejemplo de esto era la tarjeta *hospitalitatis*, es decir, el anillo que estaba dividido en dos partes que, conservadas por dos familias, servían para que sus miembros comprobaran la hospitalidad dada y recibida. También la tarjeta que los jueces de Atenas recibían al entrar en el tribunal y que les servía como identificación para percibir la retribución es otro ejemplo del uso de la palabra «símbolo» en la Antigüedad. El símbolo religioso es un signo de reconocimiento, una representación simple que indica o recuerda algo más complejo e implícito. Por influencia de las religiones mistéricas, el símbolo se convirtió en algo secreto, una expresión codificada que no se podía comunicar directamente. Así, el mundo está repleto de significados ocultos y de correspondencias secretas. El simbolismo tiene principios y leyes precisas que emanan del mundo de los arquetipos. ¿Qué es el arquetipo? Conocido por los esoteristas y los psicoanalistas, el arquetipo es el prototipo ideal de las cosas, es una idea que actúa como modelo para otros modelos. Cada símbolo es una especie de revelación, y la meditación realizada al respecto pone de manifiesto un determinado centro de la conciencia y su respectivo arquetipo, vibrando al unísono. Los símbolos son las llaves para abrir las puertas del infinito, que convierten en sensibles y reales de un modo terrenal todo concepto inteligible, y que permiten pasar de lo sensible a lo inteligible.

Como afirma Palamidessi:

> El simbolismo tradicional real no es arbitrario, sino que se fundamenta sobre leyes precisas, a saber, las de las correspondencias entre los diferentes órdenes de la realidad natural y sobrenatural, donde la natural se considera la exteriorización de lo sobrenatural. El simbolismo enuncia una realidad de un cierto orden que cree que lo esotérico puede ser representado por una realidad de un orden menos elevado.[1]

Una de las más antiguas simbolizaciones es aquella que superpone, a pesar de la distancia, el cielo al ser humano. No hay duda, gracias a testimonios muy extendidos y a la vasta elaboración mesopotámica de la astronomía y de la astrología, que el cielo estrellado era considerado un inmenso libro en el que era posible leer e interpretar la voluntad divina. De hecho, las constelaciones representaban grandes animales ultraterrenos y los planetas eran los carros de los poderes cósmicos. En el firmamento se buscaban los símbolos y los presagios de lo que era terrenal. La representación del cosmos es una clara expresión de esta forma de pensar. En todos los pueblos, desde la remota Antigüedad, el Sol está representado por un círculo que a menudo tiene dibujadas en su interior características humanas: una cara sonriente y radiante. También las representaciones de los planetas contienen objetos que forman parte de la vida terrenal: el dios Saturno sujeta una guadaña en la mano, Venus un espejo, en la cabeza de Mercurio hay un caduceo, Marte blande una lanza, etc.

Se trata de un proceso de intercambio que tiene lugar en un circuito de hombre-cosmos, una proyección en la que el hombre se convierte en cosmomórfico y el universo en antropomórfico. Una verdadera introyección, por parte de la estructura humana, de la estructura universal en una correspondencia directa y consustancial macrocosmos-microcosmos.

Lo que nos lleva de nuevo a la conjunción del planeta antropomorfizado y del hombre «planetizado», célula del mundo astrológico tan bien representada por muchas figuras del museo hermético, entre las cuales está el mapa de la *anatomía oculta* que se analiza en el presente tratado.

Teniendo en cuenta lo anterior, podemos decir con franqueza que este libro y este mapa deben considerarse como una exposición histórica, un viaje entre las teorías y filosofías que se pierden en las brumas del tiempo. Ciertamente no como una imposición, y mucho menos como una verdad que debiera ser establecida como un dogma irrefutable que no puede ser desmentido. El objetivo de este tratado es la investigación filosófica de las diversas facetas del saber que han otorgado una visión del cuerpo humano a caballo entre la ciencia y el simbolismo hermético. Tal conocimiento también podría ser útil para perfeccionarse en las emociones, los pensamientos, las obras y las palabras haciendo propias las antiguas enseñanzas sobre la extraordinaria relación entre el cuerpo (microcosmos) y el universo (macrocosmos) cuando están en sintonía. El hombre es una unidad completa, hecha a imagen y semejanza de su Creador. Como tal, contiene todos los elementos del Creador y de la creación; por esta razón es una tarea muy delicada describir su constitución. Hay diferentes escuelas de pensamiento que describen la conformación del hombre. No se puede afirmar que una sea más o menos correcta que las demás porque, probablemente, todas podrían contener un fondo de verdad.

El fascinante dibujo objeto de nuestro análisis es una compleja representación del *Adam Kadmon*, el hombre primordial, en el que convergen en síntesis buena parte de las tradiciones esotéricas que se relacionan con el cuerpo humano. La Cábala, la alquimia, la astrología, el hermetismo y las tradiciones orientales traman en este dibujo una densa red de correspondencias que tienen por objeto sintetizar estas antiguas doctrinas. La investigación se ha llevado a cabo mediante la separación de las distintas corrientes de este conocimiento para analizarlas de forma individual, con el fin de aclarar al lector la visión global de la *anatomía oculta*.

El origen de la tabla está envuelto en misterio, y no se sabe exactamente quién la dibujó. La datación se remonta a 1719, pero hay detalles que no cuadran, como, por ejemplo, la cita de los campos electromagnéticos asociados a las partes anatómicas. El primero en introducir el electromagnetismo en lo oculto fue Francis Barrett, que nació mucho tiempo después de esa fecha. Su obra más famosa, *El mago*, fue publicada en 1801. Lo que es seguro es que la reedición se debe (probablemente también con algunos errores de copia, como por ejemplo *Sefirah Iesod* repetido dos veces en lugar de *Maljut*) a un artista y filósofo de la República Bolivariana de Venezuela llamado Ismael Díaz Noguera. De hecho, el mapa fue revisado en 1970 y en 1982.

I
ANTROPOLOGÍA DEL CUERPO HUMANO

Nunca hay que mover el alma
sin el cuerpo,
ni el cuerpo sin el alma,
porque, defendiéndose
el uno con la otra,
estas dos partes mantendrán
su equilibrio y su salud.

PLATÓN

Anatomiae Occultii

LA ANTIGÜEDAD CLÁSICA: LOS PITAGÓRICOS, PLATÓN Y LOS ESTOICOS

La opinión generalizada es que el concepto del alma separada del cuerpo, entendido como dos entidades diferentes conectadas la una a la otra, pero al mismo tiempo opuestas y contrarias, se debe atribuir a la tradición teológica y filosófica cristiana. De hecho, ya en el 530 a. C. Pitágoras había desarrollado una contraposición fuertemente negativa entre estos dos conceptos.

La escuela pitagórica, fundada en Crotona, sentó las bases de sus propios principios sobre las comunidades órficas y sobre las sectas religiosas nacidas en Egipto y Babilonia. Un aspecto fundamental y absolutamente innovador de esta escuela fue ofrecerse a sus seguidores como comunidad científica y también como secta religiosa, y desarrollar en ellos el sentido de pertenencia a un partido aristocrático. Gracias al estudio de materias aparentemente diferentes, pero en realidad fuertemente ligadas entre sí, como las matemáticas, la astronomía, la filosofía y la música, la visión pitagórica consideraba el cuerpo como el gran obstáculo para la purificación del alma.

A través del concepto de «tumba del alma» los pitagóricos entendían el cuerpo como una prisión que, con sus cadenas, impedía que el alma evolucionara espiritualmente y lograra un estado más elevado y puro. Los únicos instrumentos para liberarse de este vínculo primordial, al igual que en el cristianismo, eran el sufrimiento físico y la lucha contra las pasiones, entendida como renuncia de los aspectos superfluos e innecesarios para el objetivo del recorrido catártico.

Más tarde, Platón retomó y profundizó en los discursos pitagóricos (definidos por su dinamismo) en los diálogos realizados después de la fundación de su Academia (por ejemplo, el *Fedón*) y en los que pertenecen a la etapa de madurez (por ejemplo, el *Timeo*).

En el *Fedón*, el personaje de Sócrates desarrolla una tesis según la cual el alma no tiene posibilidad alguna de alcanzar la pureza mientras esté vinculada al cuerpo. En consecuencia, sólo la muerte puede permitir que el espíritu se libere del vínculo material, en tanto que impuro, del cuerpo y evolucione hacia la perfección que es inherente a su naturaleza. Así, el hombre vivo sólo puede iniciarse en el camino de la separación del alma del cuerpo alejándose de las pasiones y de los placeres:

> El filósofo desata el alma, tanto como puede, del comercio del cuerpo... no debe prestar ninguna atención a los placeres de los que el cuerpo es instrumento. (*Fedón*, 64e).

> El alma da lo mejor de sí cuando está aislada en sí misma, manda al cuerpo a caminar y corta, tanto como puede, cada comercio, cada contacto con él y aspira a lo verdadero. (*Fedón*, 65a).

> El cuerpo altera el alma y le impide alcanzar virtud y pensamiento. (*Fedón*, 66a).

En el *Timeo*, escrito alrededor del 360 a. C., Platón, en el camino hacia el origen del universo, se detiene a analizar también la naturaleza humana, que es parte del universo, como entidad y como reflejo. Por primera vez, los aspectos negativos de la relación de confrontación entre cuerpo y alma se suavizan hasta definir como fundamental para alcanzar la belleza (entendida como una tendencia hacia la perfección, es decir, las ideas) el equilibrio entre estas dos formas, eliminando la acepción de límite y reemplazándola por la de completitud y compensación.

> Para la salud y la enfermedad, para la virtud y el vicio, nada es más importante que la armonía entre el cuerpo y el alma. Sin embargo, no vamos a prestarle atención; no reflexionamos sobre el hecho de que, cuando un cuerpo débil y frágil arrastra un alma grande y poderosa, o cuando sucede lo contrario, el animal entero está desprovisto de belleza, porque le falta la armonía más importante, mientras que la situación inversa da el espectáculo más bello y agradable nunca visto. (*Timeo*, 87d).

En 300 a. C., los estoicos dan un paso atrás con respecto a esta última visión.

Esta corriente filosófica ateniense tiene como objetivo alcanzar la ataraxia, o un estado del ser que contempla el total desapego de las cosas terrenales y, especialmente, de los sentimientos, los cuales son interpretados como limitaciones para la integridad moral y la pureza del alma.

Encontramos algunos ejemplos de estoicismo en Epicteto, quien compara el cuerpo a un asno por su incompatibilidad con el pensamiento lógico, en Séneca y en Marco Aurelio. Este último, uno de los exponentes tardíos de la corriente, llama la atención por sus reflexiones, muy similares a las del pensamiento de la Edad Media:

> Lo pútrido de la materia, sustrato de todas las cosas, y el agua, el polvo, los huesos, la suciedad [...] (IX, 36); [...] todo lo que ocurre en el coito y en la fricción del órgano sexual masculino y secreción de líquido mucoso acompañada de algunas contracciones... (VI, 13).

He aquí la condena de los aspectos sexuales, que están entre los primeros instintos que residen en el cuerpo del hombre y, por tanto, también pertenecen a las diferentes formas de cadenas que evitan que el alma alcance la pureza de la integridad y la coherencia moral.

Según varios historiadores, como Paul Veyne, la moral sexual cristiana deriva de la pagana del Alto Imperio Romano. Utilizando el mismo medio, la separación del cuerpo del alma, quieren alcanzar dos propósitos diferentes: los cristianos la salvación del alma, los filósofos paganos el logro de la perfección espiritual y, por lo tanto, del conocimiento.

CRISTIANISMO: SAN PABLO

La religión cristiana, en sus dos mil años de historia, mediante los dos Testamentos oficiales, ha interpretado de diferentes maneras el origen del cuerpo humano, variando las concepciones y los juicios, a través de un dualismo siempre en conflicto entre lo sagrado y lo pecaminoso.

Por un lado, el sentido positivo deriva del acto mismo de la creación: Dios creó al hombre a su imagen y semejanza y le dio vida con el soplo del Espíritu Santo que lo impregnó de carne y sangre. Por otro lado, el Señor se encarnó en un cuerpo para bajar a la tierra y liberar a su pueblo de la oscuridad del pecado: en ese mismo momento el cuerpo se convierte en la máxima expresión de la santidad porque en Jesús residen todas las esencias de la Trinidad. Por último, con la Eucaristía, donde el pan y el vino se transforman en carne y sangre, el cuerpo se convierte en el portador del principio que absuelve los pecados.

Además, el sentido negativo determina que el pecado original ha convertido en impuro –y, por lo tanto, corruptible– el cuerpo del hombre y ha abierto la puerta del espíritu a las tentaciones que se manifiestan a través de los placeres.

Dos son los textos que mejor representan estas posiciones opuestas con respecto a la naturaleza del cuerpo humano: el Cantar de los Cantares y el Eclesiastés.

Todas las diferentes interpretaciones que los eruditos eclesiásticos han dado del Cantar de los Cantares revelan un hilo conductor que exalta y sublima el cuerpo y la sexualidad:

> ¡Que me bese con los besos de su boca!
> Sí, mejor que el vino es tu amor.
> Embriagadores son tus perfumes por la fragancia,
> aroma que se propaga es tu nombre:
> por eso las jóvenes se enamoran de ti.
> ¡Arrástrame contigo, corramos!
> Me meta el rey en sus estancias:
> gozaremos y nos alegraremos por ti,
> recordaremos tu amor más que el vino.
> ¡Por ti nos enamora!

El Eclesiastés, por el contrario, es un texto que analiza de un modo pesimista los placeres mediante los cuales el cuerpo puede hacer gozar al alma, ya que, en cuanto perecedero, éste no es inmortal, y convierte en inútil cualquier acto que no haga el bien.

Por tanto, el cuerpo limitado por la mortalidad hace imposible la elevación del espíritu al bien supremo.

> He querido satisfacer mi cuerpo con el vino, con la pretensión de dedicarme con la mente a la sabiduría y darme a la locura, hasta descubrir qué les conviene hacer a los hombres bajo el cielo, durante los días contados de su vida. (Eclesiastés 2:3).

San Pablo inclina definitivamente la balanza de esta dualidad, transformando el pecado original de soberbia en el de lujuria. En un principio, en el Génesis, el Diablo, culpable original de soberbia, tienta a Adán y a Eva para comer el fruto sagrado y desobedecer la palabra de Dios, haciendo que se manchen con su propio pecado. San Pablo cambia la connotación de este gesto, desplazando la atención al pecado de lujuria: Adán y Eva, a causa de la debilidad de la carne, es decir, del cuerpo, deciden rebelarse contra el Padre para liberar sus instintos sexuales recogiendo el fruto, símbolo de libertad y placer.

Esta concepción se debe en parte a la influencia de la filosofía griega en el pensamiento del Santo, que acepta la sacralidad y la pureza del cuerpo como imagen del Creador, pero al mismo tiempo condena la contaminación debida al placer sexual que lo hace impuro y templo del pecado.

> ¿O es que no sabéis que el que se une con una ramera forma con ella un solo cuerpo? Los dos serán, como se ha dicho, un solo cuerpo. Pero quien se une al Señor forma con él un solo espíritu. (1 Cor. 6:15-17).

Por supuesto, para entender completamente el discurso de San Pablo, deberíamos analizar el desarrollo en todos los fundamentos.

En resumen, podemos decir que la clave para la interpretación de su pensamiento se divide en torno a dos ejes principales: el primero es que el cuerpo humano es el lugar donde reside el Espíritu Santo gracias al soplo divino; el segundo es que éste no pertenece al hombre, porque lo perdió cuando se manchó con el pecado original. Para redimirlo, Dios se hizo hombre, bajó a la tierra y tuvo que pagar el precio terrible de la pasión y la crucifixión. Los hombres volverán a poseerlo sólo después de la resurrección.

De estos dos principios deriva el conflicto dualista de San Pablo: la santificación del cuerpo como sede del Espíritu Santo debe coexistir con su corrupción, debida al pecado original de la lujuria, debilidad de la carne. Una especie de superposición incoherente.

ASCETISMO ORIENTAL DE LOS SIGLOS IV-V: PÓNTICO, CASIANO Y LA ESTRUCTURA DE LOS VICIOS CAPITALES

Entre los siglos V y el VI, en los albores de la Edad Media, el dualismo cuerpo-alma está listo para convertirse en el medio por el cual la cultura cristiana interpreta sus dogmas y, en consecuencia, el mundo circundante. Este proceso conduce inevitablemente al nacimiento de instrumentos de medida y clasificación aptos para determinar el grado de pureza o contaminación, entendida como contaminación pecaminosa, del cuerpo y del espíritu. El más antiguo y eficaz de éstos es el sistema de los vicios capitales, erróneamente llamados pecados, redactado por primera vez por el asceta Evagrio Póntico, quien en su libro *Sobre los ocho espíritus malvados* (*pneumata* o *logismoi*), clasifica ocho tipos de vicios, en este orden: gula, lujuria, avaricia, ira, tristeza, pereza, vanidad y soberbia.

Pero fue su discípulo Giovanni Cassiano quien identificó la diferenciación fundamental entre estos vicios, separando los relacionados con el cuerpo de los relacionados con el espíritu.

Los vicios carnales son aquellos ligados al placer del cuerpo y que únicamente se pueden disfrutar a través de éste: la gula y la lujuria. El alma no puede más que ser una espectadora pasiva de la consumación de estos placeres que contaminan la carne: «El cuerpo recibe satisfacción y deleite hasta arrastrar al alma a consentir sus apetitos». Son impulsos profundamente vinculados a la naturaleza biológica del cuerpo, existen y reaccionan de forma independiente a la voluntad del alma y causan sufrimiento.

La única cura para estos vicios consiste en la abstinencia y la represión de los instintos.

Los espirituales, por el contrario, alimentan exclusivamente al alma y sus sentimientos, satisfaciéndola en diferentes estadios: avaricia, ira, tristeza, pereza, vanidad, soberbia. El alma, en su gratificación, para saciarse se olvida del cuerpo, hasta someterlo a sufrimientos y consecuencias terribles. En este caso el cuerpo es el que se muestra indefenso ante la corrupción del alma.

INTERPRETACIÓN PATRÍSTICA: IRENEO Y TERTULIANO

La filosofía cristiana medieval se divide principalmente en dos corrientes: la patrística, que se originó durante la caída del Imperio Romano y que se extiende a lo largo de toda la Edad Media, y la escolástica, que se desarrolló durante la Alta Edad Media.

La filosofía patrística representa el pensamiento de los padres de la religión cristiana, que tuvieron que hacer frente a la ardua tarea de divulgar la palabra en un período histórico en el que la influencia de las grandes escuelas de origen griego, como el estoicismo y el neoplatonismo, todavía era muy fuerte.

El problema principal era enfrentarse y competir con las filosofías estructuradas y teorizadas en doctrinas muy bien definidas. Por esta razón, el credo religioso de los padres tuvo necesariamente que evolucionar en pensamiento filosófico, en busca de un punto de contacto y de continuidad con la tradición helénica. Primero fue necesario crear una identidad clara y definida de los propios dogmas y preceptos, de modo que resultara identificable a ojos de los nuevos adeptos y de los profanos. Más tarde, debido al fuerte elemento de ruptura con el pasado, la filosofía patrística, para moderar el impacto cultural y de costumbres, se estructuró como una continuación de la búsqueda del ser de la filosofía clásica, hasta proclamarse como verdad definitiva.

También en este caso, la búsqueda del estado del ser, entendido ahora como Dios y su imagen, se divide en el dualismo alma-cuerpo. Varias tesis de la filosofía patrística tienden hacia ambas posiciones.

Algunos, como Tertuliano y Teófilo de Alejandría, se declaran a favor del cuerpo como imagen modelada por Dios a su imagen y semejanza plena de su espíritu.

Ireneo, autorizado teólogo cristiano nacido en Asia Menor en el siglo II d. C., en sus textos *Contra haereses* escribe:

> En cambio, Dios será glorificado en su propia criatura, haciéndola compatible y similar a su propio Hijo. De hecho, mediante las manos del Padre, es decir, del Hijo y del Espíritu, el hombre, y no una parte del hombre, es hecho a imagen y semejanza de Dios: ahora el alma y el Espíritu pueden ser una parte del hombre, pero de ninguna manera el hombre: el hombre perfecto es la mezcla y la unión del alma que ha recibido al Espíritu del Padre y se ha mezclado con la carne plasmada a imagen de Dios [...] Si, de hecho, se elimina la sustancia de la carne, es decir, de la obra plasmada, y se considera simplemente aquello que es propiamente el espíritu, eso ya no

es un hombre espiritual, sino el espíritu del hombre o el espíritu de Dios. Cuando, en cambio, este Espíritu mezclado con el alma se une a la obra moldeada, gracias a la efusión del Espíritu, se llega al hombre espiritual y perfecto, y éste es el hombre creado a imagen y semejanza de Dios. Pero, cuando al alma le falta el Espíritu, un hombre así, animal y carnal, será imperfecto, porque tiene la imagen de Dios, pero no ha recibido la similitud por medio del Espíritu. Ahora bien, como este hombre es imperfecto, entonces, de nuevo, si se elimina la imagen y se rechaza la obra plasmada, no se puede considerar al hombre, o una parte del hombre, como hemos dicho antes, o cualquier otra cosa que no es el hombre. En realidad, ni la carne moldeada es en sí misma hombre perfecto, sino cuerpo del hombre y parte del hombre, ni el alma es en sí misma hombre, sino alma del hombre y parte del hombre, ni el Espíritu es hombre, porque se llama Espíritu y no hombre. Ahora bien, la mezcla y la unión de todas estas cosas constituye el hombre perfecto.[2]

Según Ireneo, si la Esencia divina es una y trina, es decir, encarna en sí el espíritu, el alma y el cuerpo, entonces, de la misma manera el hombre, que es a imagen y semejanza, encarna la misma santidad. Cuerpo y alma se liberan del dualismo histórico que los relega como opuestos para convertirse en la expresión de la misma perfección y sacralidad. En contraste con las filosofías griegas, que lo interpretan como prisión y cadena, el cuerpo mismo está destinado a alzarse junto con el alma hacia la salvación y la verdad gracias a la resurrección.

Tertuliano también expone su concepto de nobleza del cuerpo y de la carne:

... hasta tal punto, por lo tanto, la carne es fundamental para la salvación, que, cuando por medio de la salvación el alma está ligada a Dios, es precisamente la carne la que hace que el alma pueda ser elegida por Dios. Y, de nuevo, es la carne la que se lava para que se purifique el alma, es la carne la que se unge para que el alma sea consagrada, es en la carne donde se hace la señal, para que el alma sea defendida, es la carne la que recibe la sombra de la imposición de las manos, porque entonces también el alma es iluminada por el Espíritu, es la carne la que se alimenta del cuerpo y de la sangre de Cristo, para que también el alma pueda ser alimentada por Dios. Así, no se pueden separar de la recompensa a aquellos que están unidos por las obras.[3]

EL PENSAMIENTO CRISTIANO GNÓSTICO Y LA HEREJÍA CÁTARA

El gnosticismo cristiano es un movimiento filosófico y religioso nacido entre los siglos II y IV d. C. Incluso hoy en día los estudiosos no han podido identificar con precisión los orígenes, ya que parece derivar de las influencias de varias religiones paganas. Sin embargo, la mayoría concuerda al establecer el nacimiento y la difusión en los territorios de Alejandría, en Egipto.

Según los gnósticos, el universo estaba poblado por entidades etéreas, llamadas Eones, que emanaban en pareja masculina y femenina del primer Eón, entendido como Dios (Pleroma). Cada pareja de Eones es capaz de producir, a su vez, otras entidades espirituales. Cuando uno de éstos, Sophia (el Conocimiento), decidió procrear sin su mitad masculina, nació el Demiurgo, una entidad obscena y perversa que nunca debería haber existido.

Así, el Demiurgo (*Yhaweh*), sin conocer la existencia de Dios, creó el mundo y los seres materiales.

También aquí vuelve el concepto de dualismo cuerpo-alma: los hombres, si por un lado son mezquinos a causa de la carne y de la materialidad creada por el falso dios Demiurgo, por el otro custodian en ellos el espíritu, una traza de la descendencia del primer Eón (la influencia neoplatónica en este aspecto de la doctrina es muy fuerte). Gracias a esta traza los seres humanos, mediante la filosofía y la cultura, pueden tender a la gnosis, que es la toma de conciencia del propio origen divino. Para iniciar a los hombres en este viaje catártico, Dios hace emanar dos eones: Cristo y el Espíritu Santo. A su vez, Cristo, para alcanzar el mundo creado por el Demiurgo, se convierte en materia en la figura de Jesús.

El catarismo se desarrolló en el siglo XII en un área de Europa llamada Occitania, que incluía parte del sur de Francia y llegaba hasta el norte de la península itálica y de la ibérica. Este movimiento tuvo una divulgación muy amplia, hasta estructurarse como una alternativa real a la Iglesia cristiana.

De acuerdo con los cátaros, el universo se fundamenta en dos deidades rivales de igual poder y dignidad: Dios, entidad buena y señor de todas las cosas positivas y espirituales, de la luz y del amor; y Satanás, entidad maligna y creador de la materia, la oscuridad y el tiempo. De esta manera se desarrollan algunas oposiciones fundamentales e irreconciliables entre el bien y el mal, el espíritu y la materia. El cuerpo humano, siendo materia y por lo tanto creación de Satanás, se considera diabólico e impuro, mientras que el alma, emanación de Dios, es el instrumento para la salvación de la prisión carnal.

Siguiendo el relato del Génesis, incluso en el catarismo fue Satanás el que tentó y condujo a Adán y Eva a procrear y, por lo tanto, a dividir el espíritu, recibido de Dios, en otros cuerpos. A través de su descendencia, la raza humana, el alma y su fuerza se han debilitado cada vez más en una especie de ósmosis espiritual.

Los cátaros creían que sólo mediante el ascetismo y la renuncia a los bienes materiales, y por lo tanto con el debilitamiento del cuerpo a favor del alimento del alma, se podía emprender el camino para acercarse al Dios bueno.

Bajo la influencia de las religiones orientales, los cátaros creían en la reencarnación del espíritu: quienes hubieran tomado el camino catártico en cada vida estarían cada vez más cerca de Dios; por el contrario, los que no habían cumplido con las tradiciones ascéticas y la búsqueda de la gnosis (conocimiento) en cada reencarnación sufrirían la degradación de la forma del cuerpo, incluso hasta llegar a formas de vida humillantes como las de los animales.

Para ayudar a los hombres a vencer los vínculos y las tentaciones de Satanás, Dios envió un ángel a la Tierra, un guía para mostrarles el sendero de la salvación. Para poder descender al plano terrenal, el ángel se hizo hombre y se convirtió en Jesús.

Los cátaros no tenían profetas y no produjeron textos sagrados propios. Las escrituras de referencia, reelaboradas según su visión, eran los dos Testamentos cristianos y algunos textos apócrifos (por ejemplo, la *Visio Isaiae*). La interpretación cátara es en algunos aspectos muy similar a la ortodoxa, pero difiere en un punto clave muy importante: si, para los primeros, el mundo y las cosas materiales fueron generadas por el Dios malvado, Satanás; para los segundos, existe sólo un único Dios, creador de todas las cosas, espirituales y materiales.

Una importante contribución a la interpretación cátara de las escrituras se debe a Orígenes de Alejandría, quien sostiene que las Escrituras tienen un origen divino y por lo tanto son interpretables desde tres perspectivas diferentes: literal, espiritual y escatológica (el estudio a través de la filosofía del destino del hombre como una entidad).

Debido a su amplia difusión, la religión cátara se convirtió en objeto de una brutal persecución por parte de la Iglesia católica y, además, fue una de las principales causas del nacimiento de la Santa Inquisición. Muchos textos y tratados fueron destruidos. Entre los que han llegado hasta nosotros, es digna de mención *La cena secreta*, del que se deducen importantes revelaciones acerca de los orígenes del mundo, de la rivalidad entre Dios y Satanás y de la creación del hombre. Evidentemente, es importante recordar que el desarrollo de las filosofías religiosas en la Baja Edad Media está fuertemente influenciado, en primer lugar, por los problemas lingüísticos y semánticos de la traducción de los textos y, en segundo lugar, por la dispersión geográfica de la divulgación. Por eso hoy en día tenemos diferentes versiones de las mismas doctrinas.

En los capítulos relativos a la teoría cosmológica se cuenta cómo Satanás, que fue derrotado por el Dios bueno, fue arrojado del cielo con sus ángeles seguidores. Después, gracias a la Divina Misericordia, que no conoce el odio, se le permitió crear el mundo material y todas las formas de vida que lo habitan.

En los capítulos relativos al nacimiento del hombre, es decir, a la creación del cuerpo y de la carne, se encuentran revelaciones importantes y originales:

> Entonces Satanás reflexionó e hizo al hombre para que fuera su esclavo o esclavo de sí mismo. Y mandó al ángel del tercer cielo a que entrara en un cuerpo de barro, cogió una parte e hizo otro cuerpo en forma de mujer; y mandó al ángel del segundo cielo a que entrara en el cuerpo de la mujer. Pero los ángeles lloraron cuando vieron a su alrededor una forma mortal y se dieron cuenta de que eran diferentes.
>
> Y les mandó que realizaran el acto carnal en los cuerpos de barro; pero no eran capaces de cometer el pecado. Entonces, el artífice del mal pensó en crear el paraíso y hacer entrar en él a los hombres. El diablo ordenó que los condujeran allí y plantó una caña en medio del paraíso; luego, con su saliva, creó a la serpiente y le ordenó que habitara en la caña: así el diablo maligno disimuló su astucia, para que no se dieran cuenta del engaño. Entonces ellos entraron y les dijo: «Comed de cada fruto que se encuentra en el paraíso, pero no comáis el fruto del conocimiento del bien y del mal». Entonces el diablo entró en la serpiente maligna y sedujo al ángel que estaba en forma de mujer: esparció sobre ella la concupiscencia de los pecados y descargó su lujuria con Eva mediante la cola de la serpiente. Por eso los hombres son llamados hijos del diablo e hijos de la serpiente: de hecho, desahogan la concupiscencia del diablo, su padre, hasta el final de este siglo. Después el diablo esparce sobre el ángel que estaba en Adán su propio veneno y su propia concupiscencia, que genera los hijos de la serpiente y los hijos del diablo hasta el final de este siglo.
>
> Y yo Juan, pregunté al Señor: «¿Cómo es que los hombres dicen que Adán y Eva fueron creados por Dios y llevados al paraíso para observar los mandamientos del Padre, y luego fueron condenados a muerte?». Y el Señor me respondió: «Escúchame, Juan, amado de mi Padre: son los hombres ignorantes los que afirman que cuando se produjo la transgresión, mi Padre moldeó cuerpos de barro; en realidad, él creó con el Espíritu Santo todos los poderes de los cielos: fue a causa de su transgresión que éstos se encontraron que tenían cuerpos de barro mortales y por esa causa

fueron condenados a muerte». Y yo, Juan, todavía le pregunté al Señor: «¿Cómo el hombre nace en Espíritu en el cuerpo de carne?». Y el Señor me respondió: «Viniendo de los ángeles caídos del cielo, los hombres entran en los cuerpos de las mujeres y reciben la carne de la concupiscencia de la carne; el espíritu nace del espíritu y la carne de la carne, y así el reino de Satanás se cumple en este mundo y en todas las naciones».[4]

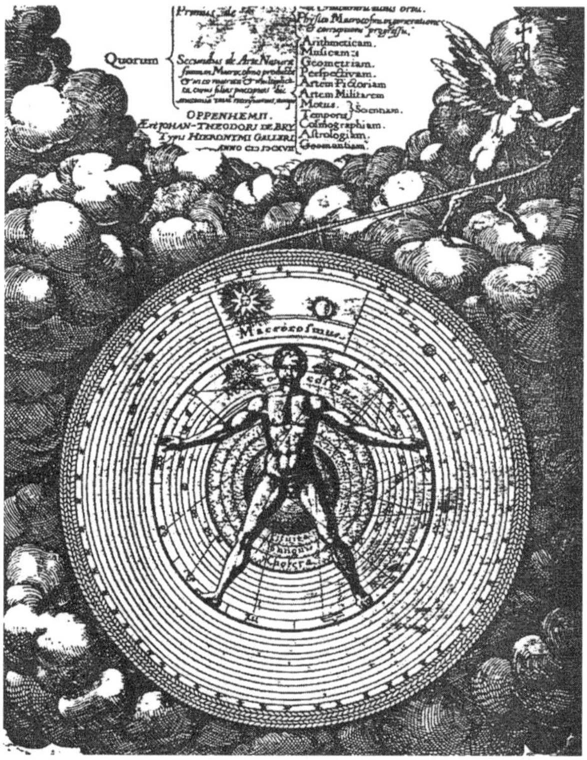

A partir de este extracto fundamental se deducen importantes conclusiones. El universo, entonces, estaba poblado originalmente por entidades espirituales, fruto del amor de Dios; vivían eternamente y se complementaban. Fue Satanás, malvado y tentador, quien obligó a sus seguidores a tomar forma humana, forzándolos a relegar su espíritu en la carne, dividiéndolos entre hombres y mujeres. He aquí el punto clave: a Dios se atribuye la creación de todo lo que es etéreo y eterno, a Satanás todo lo que es material y perecedero.

Debido a su naturaleza espiritual los ángeles encarnados se negaron a procrear entre sí, porque el origen de su alma ya era eterno y perfecto. Entonces Satanás, gracias a su astucia, tentó al ángel que tenía forma de mujer con la codicia y la empujó al acto sexual: «Esparció en ella la concupiscencia de los pecados y desahogó su concupiscencia con Eva mediante la cola de la serpiente». Del mismo modo hizo con el hombre, a su vez también él tentado por la lujuria de la mujer: «Entonces el diablo esparció en el ángel que estaba en Adán el propio veneno y la propia concupiscencia».

Los pasajes de *La cena secreta*, a pesar de mantener intactos a los sujetos, distorsionan las acciones del Génesis tradicional y crean una importante separación de los orígenes del cuerpo y del alma: la carne, la muerte y, en consecuencia, la procreación y todos los pecados son de origen diabólico, mientras que el espíritu y el alma son emanaciones directas del Divino.

El hombre es el fruto de la unión forzada y violenta del bien y del mal, que, una vez más, en los seres humanos coexisten, pero no coinciden.

Por esta razón los cátaros creían en la resurrección del alma creada por Dios, pero no en la del cuerpo, en cuanto creación del maligno y, por consiguiente, perecedera y no eterna.

LA CONCEPCIÓN RENACENTISTA: EL HOMBRE COMO REFLEJO DEL MACROCOSMOS

La filosofía renacentista vio nacer, a comienzos del siglo XV, un movimiento ideológico que desde Florencia se expandió rápidamente por toda Europa llamado humanismo. Esta corriente de pensamiento marcó un verdadero distanciamiento con el pasado y la filosofía de la escolástica medieval. El hombre se convierte en el centro de la especulación filosófica, con toda la dignidad restituida. El ser humano es concebido finalmente no sólo como subordinado a la voluntad divina, sino como el artífice y dueño de su propio destino gracias a sus capacidades. La concepción humanista-renacentista del hombre obviamente influyó también en el modo de concebir el cuerpo. Finalmente, en el Renacimiento se alcanza el equilibrio entre la materia y el espíritu. En efecto, de acuerdo con el humanismo, el hombre es como un dios terrenal, señor del mundo. Una especie de microcosmos; a saber: una parte del mundo que refleja en sí misma la armonía y la perfección del macrocosmos, es decir, del universo completo.

Esto da lugar a una revalorización de los valores laicos y terrenales y de las posibilidades cognoscitivas del hombre, y un comportamiento especulativo más libre y desprejuiciado. Colapsada la rígida y sistemática visión del mundo ligada a la escolástica y al aristotelismo, resultan privilegiadas las investigaciones concretas e inmediatamente utilizables. Se añade una concepción más activa y dinámica de la naturaleza, que deja de ser un ente pasivo, y es vista más bien como vida en movimiento conectada por miles de hilos a la existencia humana. La difusión del pitagorismo matemático, que ve relaciones numéricas, misteriosas simetrías y proporciones armoniosas en todos los aspectos del universo, y el descubrimiento del hermetismo griego, que teoriza prácticas mágicas y la influencia de las estrellas en el mundo natural y humano, contribuyen a alimentar un interés por la realidad física en el que las necesidades científicas y las tendencias místicas e irracionales están estrechamente conectadas. La exigencia de conocer los secretos de la naturaleza, las leyes que la gobiernan y de doblegarla bajo el propio poder, es la base de la difusión, en el siglo XIV, de la magia, la alquimia y la astrología que fueron vistas como disciplinas destinadas a la manipulación del mundo natural.

Paracelso (Filipo Aureolus Theophrastus Bombastus von Hohenheim, 1493-1541) fue una de las figuras más representativas del Renacimiento. Médico, alquimista, astrólogo, filósofo, mago, Paracelso se une al crisol de mentes y espíritus revolucionarios que permitirán que el hombre, como tal, recupere su importancia y vuelva al principio y centro de todo. En su *Astronomía Magna* (escrito en 1537) insistió en la relación entre el macrocosmos y el microcosmos. Este médico proclama la santidad de la naturaleza, defensora de la voluntad de

Dios, por la que las plantas, los árboles y las piedras preciosas son las letras de la creación en la escuela del firmamento; las intenciones de esta naturaleza se evidencian mediante señales, siendo el universo al hombre lo que la esfera es a su centro, en un todo:

> En el cielo, existe un igual que tiene su igual en la tierra, y en la tierra existe un igual que posee su igual en el cielo. Saturno no podría, por lo tanto, reinar en la tierra, si no hubiera un Saturno terrestre. [...] No hay dos Saturno, sino uno solo; el de la tierra es el alimento del Saturno celestial, y este último alimenta al Saturno terrestre.

La difusión de los textos herméticos contribuyó a consolidar esta tesis. En 1541 apareció impreso por primera vez *La tabla de Esmeralda*, texto sapiencial traducido del árabe al latín en 1250 y atribuido a Hermes Trismegisto, una figura legendaria del período helenístico. Según la tradición, Hermes grabó las palabras de la tabla en una lámina verde esmeralda con la punta de un diamante. Los axiomas presentes en este texto son la base del funcionamiento de la magia y de la alquimia renacentistas. Todo está conectado al todo, no existen áreas de discontinuidad. El hombre es un reflejo perfecto de Dios en miniatura y, como tal, puede someter a la naturaleza y a sus fuerzas a su propia voluntad:

> Es verdad sin mentira, es cierto y muy verdadero. Lo que está abajo es como lo que está arriba y lo que está arriba es como lo que está abajo para hacer el milagro de una sola cosa.[5]

Es obvio que el concepto de microcosmos aplicado al hombre no puede limitarse sólo a la dimensión física. El hombre, a diferencia del animal, no sólo se caracteriza por el movimiento y el sentimiento: también es portador de una personalidad. De acuerdo con la «Ciencia del espíritu» el yo personal del hombre no se manifiesta sólo en los fenómenos de la vida consciente, sino que ejercería su acción organizadora en la creación de su materia corpórea, la materia del instrumento físico a través del cual el yo propio se manifiesta. Es una acción que se llevaría a cabo en la inconsciencia más profunda precisamente porque se explicaría a nivel de las células y/o los agregados celulares.

Las mismas cualidades anímico-espirituales que, en sus manifestaciones en la conciencia, en la vida interior del hombre, experimentamos cómo pensar, sentir o desear, bajo otro aspecto son las fuerzas que suscitan y regulan los procesos fisiológicos en los órganos del cuerpo.

De acuerdo con esta visión global del hombre, concebido como vector de fuerzas físicas, mentales y espirituales, el yo proporcionaría a la fabricación de la proteína humana una función análoga a la del Sol en el macrocosmos, central y organizador.

II
METAFÍSICA DEL ALMA

Como un individuo tira
sus prendas rotas para vestir
ropajes nuevos, así el alma
encarnada abandona los
hogares corpóreos dañados
para entrar en otros nuevos.

BHAGAVAD GITA

Anatomiae Occultii

METAFÍSICA DEL ALMA. LA ESTRUCTURA DEL HOMBRE Y SUS CUERPOS SUTILES

Los sabios de todos los tiempos, los espíritus iluminados de Oriente y Occidente, desde siempre nos han transmitido las antiguas enseñanzas sobre la íntima constitución del hombre. De acuerdo con estas antiguas doctrinas, el cuerpo humano está formado por el cuerpo físico vivificado y por el cuerpo vital (o etérico). El cuerpo etérico es el portador de las características psíquicas más perdurables, de los hábitos y las tendencias más arraigadas mediante las cuales estamos ligados a nuestro tiempo, a nuestra familia y a nuestros orígenes étnicos. Es sede del alma vegetativa. El complejo de los impulsos, sentimientos y deseos constituye el alma sensible del cuerpo astral. Los sentimientos, que son patrimonio de nuestra personalidad y nos distinguen de los demás miembros de la misma familia o del pueblo al que pertenecemos, están ligados al cuerpo astral. El cuarto elemento, la cuarta «extremidad» del Hombre y del Yo.

La ciencia oficial de Occidente no reconoce aquello que en cambio está bien arraigado en la cultura oriental. Las doctrinas metafísico-esotéricas afirman que el cuerpo físico del hombre no es más que la parte visible de una estructura energética mucho más compleja. Con el plano puramente físico coexiste, de hecho, una densa red de estructuras energéticas invisibles compuestas de sustancias sutiles e impalpables.

Cada una de estas estructuras tiene funciones muy específicas sin las cuales sería imposible el funcionamiento correcto de la psique y la masa corpórea.

Por cuerpo sutil se define todo tipo de estructura extracorpórea que convive con la estructura física de la que está dotado todo ser vivo. El equilibrio y el correcto funcionamiento de estos cuerpos sutiles se reflejan necesariamente en el plano físico, al que están conectados. El hombre es, de hecho, un ser mucho más complejo de lo que pensamos y el alma tiene varios modos de expresión de diferentes grados. La antroposofía de Rudolf Steiner[6] sobre la base de las hipótesis filosóficas platónicas y aristotélicas especuló que estos medios de manifestación se exteriorizan en planos diferentes.

Platón subdividía al ser humano en un componente racional (*loghiston*), volitivo (*thumoeides*) y concupiscible (*epithymetikon*); o bien, en otro contexto, en *nous* (inteligencia), *thumos* (pasión) y *epithumia* (apetito).

Aristóteles diferenciaba, sin embargo, las funciones del alma humana en intelectual, sensorial y vegetativa.

Steiner, inspirándose en estas subdivisiones, divide al ser humano en las dimensiones física, etérica, astral, mental inferior, mental superior y causal.

EL CUERPO FÍSICO

El cuerpo físico es un contenedor denso de materia, compuesto por los tres estados presentes en la naturaleza: sólido, líquido y gaseoso. Es el más compacto, robusto y por esto es considerado como el más «burdo»; de hecho, es el que percibimos con nuestros sentidos y es el que usamos desde el nacimiento hasta la muerte. El modo en que lo alimentamos determina la mayor o menor densidad de nuestro vehículo físico y su doble. Del mismo modo, la manera burda de pensar y de actuar, que atrae energías del mismo tipo, reduce las frecuencias vibratorias y ralentiza la evolución.

El químico y biólogo francés Lavoisier, ya en la segunda mitad del siglo XVIII, con su axioma «Nada se crea y nada se destruye, todo se transforma» había anticipado, aun sin ser plenamente consciente, el concepto de energía que sostiene el cuerpo humano en la anatomía oculta. La muerte, de hecho, no existe. En el momento del traspaso el cuerpo está más vivo que nunca, porque cada célula se separa de las demás y es atraída por su elemento correspondiente iniciando una nueva vida bajo otras formas. En el instante de la partida, el Espíritu, uno con el alma, se separa del cuerpo físico como si se tratara de un nacimiento a la inversa.

En su obra más famosa, *La ciencia oculta*, Steiner afirma:

> El cuerpo físico es, en el mundo manifiesto, aquello en lo que el hombre es similar al mundo mineral; por otra parte, no puede ser considerado como cuerpo físico aquello que diferencia al hombre del mineral. Desde este punto de vista, el hecho de máxima importancia es que la muerte pone de manifiesto aquella parte de la entidad humana, la cual, sobrevenida la muerte, es de la misma naturaleza que el mundo mineral. Podemos acentuar el hecho de que, en este elemento constitutivo de la naturaleza humana, es decir, en el cadáver, están activas las mismas sustancias y las mismas fuerzas del reino mineral; pero se debe insistir no menos vivamente en que con la muerte este cuerpo físico entra en descomposición.[7]

EL CUERPO ETÉRICO

El cuerpo etérico es una especie de aura sutil (de unos pocos centímetros) que envuelve al cuerpo físico y, aunque no es visible, está hecho de materia. Debido a su naturaleza puede ser asociado a un campo magnético que actúa como un filtro entre el cuerpo físico y el astral, y que atrae y filtra la fuerza vital proveniente de la suma de todas las energías que existen y se mueven (la energía es tal porque deriva del movimiento) en el cosmos, el *prana*. Esta energía es eterna: existe y atraviesa todas las partes del universo y gobierna, bajo múltiples y diversas formas, los ciclos vitales y las dinámicas físicas.

La circulación de esta energía a través del cuerpo, la *difusión pránica*, se produce debido a centros de fuerza dinámicos llamados «chakras», unidos entre ellos por una densa red de conexiones. Estos centros gobiernan el flujo de la fuerza vital abriéndose o cerrándose como diques: las interrupciones en el flujo afectan al funcionamiento anatómico y biológico correcto del cuerpo y pueden manifestar dolor, enfermedades y el mal funcionamiento de los órganos vitales.

Como ya se ha mencionado, la característica singular del cuerpo etéreo es que, mientras que es invisible para el ojo humano, es en realidad una entidad física, con su peso específico y su consistencia. Un ejemplo de ello son los síntomas que se manifiestan en el cuerpo humano después de una amputación: la mayoría de los pacientes afirman que sienten presente y sensible la extremidad tras la cirugía, y esto sucede porque la figura etérea sigue estando presente.

EL CUERPO ASTRAL

El cuerpo astral es una carcasa de forma ovoide que encierra el cuerpo etérico y el físico. Se expande alrededor de cuarenta a cincuenta centímetros por encima de éstos y su característica es asumir diferentes colores. La prerrogativa principal de esta estructura es dar la facultad de percibir y experimentar las emociones. El color y la forma del cuerpo astral cambian de acuerdo a los deseos, los miedos y los sentimientos que lo condicionan. Aquí nacen los conflictos entre las emociones más puras y los instintos más bajos. A diferencia del cuerpo etéreo, que se separa del físico sólo después de la muerte, el astral, siendo el tercer estrato en relación con el universo, no está conectado directamente a la materia. Así, puede separarse de éste mediante los viajes astrales y las experiencias oníricas del sueño.

Primero el neoplatónico Porfirio y después su alumno Jámblico, en sus textos, aluden a un estrato externo (*ὄχημα*, vehículo del alma) al que el aura etérea, transportadora del alma, se une a la espera de reencarnarse en un nuevo cuerpo. Posteriormente, según varias doctrinas neoplatónicas, este sustrato se encontrará unido de un modo biunívoco al alma también en el período de la vida en el interior del cuerpo.

EL CUERPO MENTAL INFERIOR Y SUPERIOR

En un hipotético orden espacial el cuerpo mental, también llamado *Manas* (del sánscrito *Man*, 'pensar'), se coloca más allá del cuerpo astral y su dimensión es directamente proporcional al grado de conocimiento, es decir, de evolución, de la persona. Es el lugar donde el pensamiento nace, crece y evoluciona en el análisis cognitivo del mundo y tiene como finalidad la definición y la manifestación del ego (definido por la conciencia de las experiencias y de la realidad) de cada ser humano. Aquí se desarrolla la memoria de todas las experiencias de vida pasadas y el poder, a través de éstas, de la imaginación.

A su vez, el ego se manifiesta en la vida terrenal actuando como un instrumento de realización del pensamiento, que toma forma abstracta en el cuerpo astral (vinculado al hombre por el sistema nervioso simpático), es filtrado por el cuerpo etéreo para alcanzar el sistema cerebro-vertebral del cuerpo físico y, finalmente, se concretiza en la realidad material.

El cuerpo mental, por su propia naturaleza, tiende a pensar de una manera positiva, pero bajo la influencia del cuerpo astral, es decir, de las emociones y de los temores: cuanto menor sea el grado de conocimiento de la persona, mayor será esta influencia.

A su vez, se compone de dos partes: mental superior y mental inferior.

En la primera se forman y combinan las ideas abstractas gracias a la intuición; en la segunda, en cambio, se elaboran los pensamientos racionales, como los matemáticos y los científicos. En la representación común este cuerpo se asocia erróneamente al cerebro, así que el cuerpo se identifica como la sede del desarrollo del razonamiento.

Se evidencia que el cuerpo mental es difícil de controlar debido a la naturaleza impredecible de los pensamientos; en consecuencia, el hombre puede limitarse a ordenarlos dejándolos discurrir de manera libre, sin gobierno, hasta que se satisfagan y se agoten. Acerca de la función de recordar, Steiner sostiene:

> Como el cuerpo físico se desintegra cuando no lo mantiene unido el cuerpo etérico, como el cuerpo etérico cae en la inconsciencia cuando no lo ilumina el cuerpo astral, así el cuerpo astral debería dejar caer el pasado continuamente en el olvido, si el yo no lo preservase reclamándolo para la vida en el presente. El olvido por el cuerpo astral equivale a la muerte para el cuerpo físico y al sueño para el cuerpo etérico. También se puede decir: del cuerpo etérico es la vida, del cuerpo astral la conciencia, del yo el recordar.[8]

EL CUERPO CAUSAL

El cuerpo causal es el asiento de la autoconciencia, es el siguiente paso a la conciencia del mundo exterior y el proceso que permite al ego tomar conciencia de sí mismo gracias a la experiencia adquirida por otros organismos, como las acciones, los sentimientos, los pensamientos y los recuerdos.

También identificado como el alma, primera estación del ser que lleva a la evolución espiritual, se distingue de los cuerpos inferiores porque en el momento de la muerte no se vacía, sino que permanece impregnado de recuerdos y rico en experiencias vividas. Con la reencarnación se da un salto evolutivo espiritual, donde el cuerpo causal, ya erudito por la vida pasada, recibe las nuevas experiencias, emociones y pensamientos que los otros cuerpos, ahora vacíos y nuevamente receptivos, le transmiten.

III
CUERPO HUMANO Y CONEXIONES CABALÍSTICAS

Yo te alabaré porque he sido
creado de un modo maravilloso.
Maravillosas son tus obras,
y mi alma lo sabe bien.

SALMO 139:14

Anatomiae Occultii

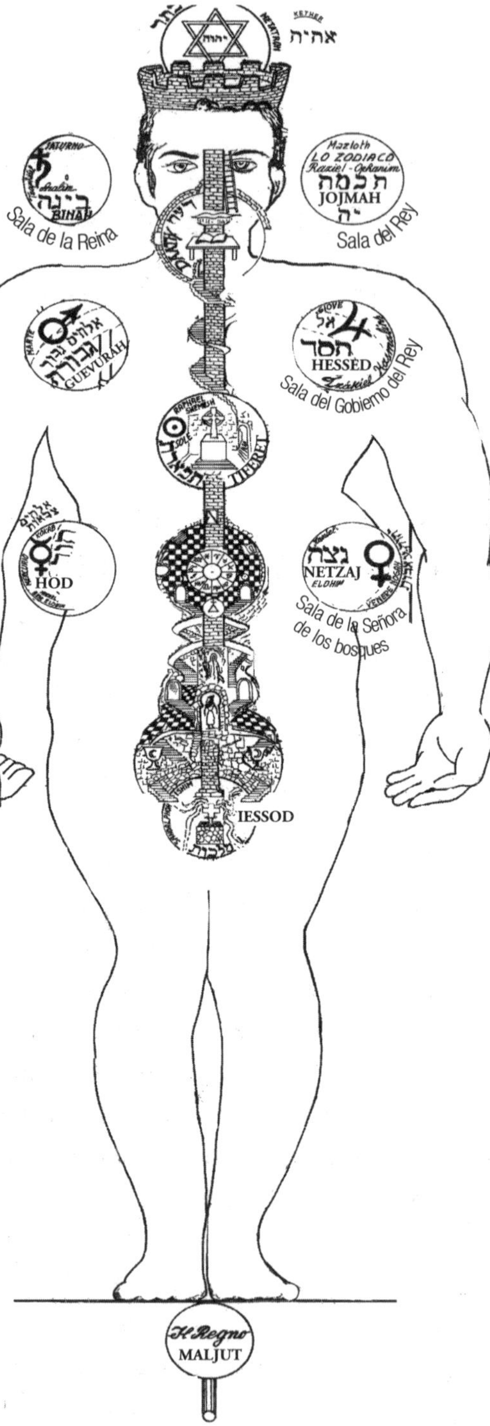
KETHER
אהיה
SATURNO
BINAH
Sala de la Reina
Mazloth
LO ZODIACO
JOJMAH
Sala del Rey
GUEVURAH
GIOVE
חסד
HESSED
Sala del Gobierno del Rey
SOLE
TIFFERET
HOD
נצח
NETZAJ
ELOHIM
Sala de la Señora
de los bosques
IESSOD
Il Regno
MALJUT

CUERPO HUMANO Y CONEXIONES CABALÍSTICAS

LOS ORÍGENES DE LA CÁBALA: ENTRE LA LEYENDA Y LA HISTORIA

Hoy sabemos que la Cábala es históricamente posterior a la gnosis, aunque hasta la mitad del siglo XIX los historiadores aún se mostraban inseguros acerca de la prioridad de uno u otro movimiento.[9] Los cabalistas pretendían transmitir, a través de los siglos, las enseñanzas secretas de Moisés, es decir, todas las revelaciones recibidas de Dios en el Monte Sinaí que Él no había querido revelar en el Pentateuco, pues prefería comunicar los conceptos más importantes en secreto y por transmisión oral a setenta ancianos de Israel, para que los enseñaran a un número reducido de iniciados, y así sucesivamente, de generación en generación. La Cábala disfrutó del patrocinio autorizado del profeta Elías (que a menudo aparece en los textos de los cabalistas medievales) y se basaba en el *Sefer Yetzirah (Libro de la Creación)* atribuido al patriarca Abraham. Se creía que se trataba de un conocimiento esotérico que se remontaba a los tiempos de Moisés, 1.200 años antes de Cristo, e incluso al Génesis.

En realidad, la Cábala nació en la Edad Media, en el siglo XII en Francia y, más en concreto, en el Languedoc. El término *Qabbalah* (que significa 'tradición') ya se utilizaba en la literatura posbíblica para indicar cualquier cosa que no fue incluida en la Ley codificada, como las sentencias proféticas o los cuentos hagiográficos. En el siglo XII empezó a asumir un significado absoluto: expresaba la tradición secreta, convertida en objeto de investigación. La Cábala es sobre todo un método de interpretación de la Biblia, que permite comprender más profundamente la constitución del universo y el destino del hombre. Este método requiere el conocimiento del hebreo y la aplicación a los textos sagrados hebreos de un método particular de lectura: la guematria. Tal método consiste en abordar dos palabras que tienen el mismo valor numérico porque cada letra del alfabeto hebreo corresponde a una cifra.

Se estableció, por ejemplo, que Abraham significa «misericordia», porque el valor numérico de ambas palabras corresponde a 248. Escala (*Sulam*) y Sinaí dan el número 130, así que la Escalera de Jacob fue identificada con el Monte Sinaí.

Así, con la Cábala nació una nueva Biblia que aparece entre las líneas de la primera. Los cabalistas, sin embargo, no refutan, como los gnósticos, algunos episodios del libro original. Afirman que la Biblia ofrece dos lecturas posibles: una, destinada a las personas; la otra, a los herederos de la enseñanza oral de Moisés. Sin embargo, la Cábala analiza en profundidad la Biblia con su hermenéutica revolucionaria, no para hacer una obra de exégesis, sino para extraer los nombres secretos de Dios, de los ángeles y de los demonios, permitiendo de esta manera que el adepto gobierne el universo. Una palabra sagrada, cuando se es capaz de formularla, de saber en qué condiciones escribirla o pronunciarla correctamente, puede destruir o crear un mundo.

El filósofo Sarane Alexandrian, en su *Historia de la filosofía oculta*[10] buscando paralelismos entre la Cábala y el gnosticismo, llegó a la conclusión de que sería sugerente y tentador argumentar que la Cábala ha representado, respecto al judaísmo, lo que la gnosis al cristianismo; aunque las diferencias entre los dos sistemas de pensamiento son mucho mayores y más sustanciales que las similitudes. El gnosticismo quería operar una síntesis de las religiones existentes en su época: el zoroastrismo, el judaísmo, el paganismo griego y el cristianismo. La Cábala, por el contrario, trataba de garantizar la supremacía de la religión judía sobre las demás, demostrando que custodiaba las indicaciones más seguras y las nociones más auténticas relativas al origen de la humanidad. Como la gnosis, la Cábala cree en un Dios inaccesible, extraño, casi imposible de conocer, el *Ein Sof* (Infinito) que es incluso innombrable. Siempre se habla de él haciendo perífrasis, llamándolo «el Santo, bendito sea», representándolo con el tetragrámaton, es decir, con las cuatro letras IHWH (Jehovah) de las cuales sólo los iniciados conocen la pronunciación exacta. A la teoría de los Eones de la gnosis corresponde, en la Cábala, la de *Sefirot*, las diez emanaciones del *Ein Sof* que también se identifican con los primeros diez números y que en breve analizaremos en detalle.

El texto sagrado por excelencia de la Cábala es el *Sefer ha-Zohar* (*Libro del Esplendor*). Escrito en arameo, aparece por primera vez en España en el siglo XIII presentado como un escrito encontrado, atribuido a los místicos judíos de la Palestina del siglo II d. C. Con toda probabilidad, fue compuesto en la segunda mitad del año 1200 por el místico judío español Moisés de León y por el círculo de investigadores cercanos a él, que usaron el arameo para aparentar la antigüedad y, por lo tanto, realzar el valor del texto. Se puede considerar como un compendio de los principios cabalísticos medievales explicados bajo la forma de un comentario al Pentateuco. En él se encuentra la teoría de los diez *Sefirot* y de los cuatro mundos.

El *Zohar* elabora una cosmogonía compleja, contiene las claves del simbolismo cabalístico tradicional e impone una verdadera concepción mística de la Torah Al inicio se ocupa de los secretos del mundo inteligible y promueve una teosofía en la que aparecen todas las operaciones de la divinidad, así como las relaciones que tiene con el hombre y la naturaleza. Fue gracias a Giovanni Pico della Mirandola (1463-1494) que la Cábala se introdujo también en el ámbito cultural no judío. Pico fue, de hecho, el primer autor cristiano occidental que se entusiasmó con el conocimiento secreto transmitido por los textos cabalísticos, que consideraba obras originalmente presentes en los textos bíblicos revelados y correspondientes a las enseñanzas esotéricas de Moisés. A través de la Cábala, Pico se propone demostrar la compatibilidad de estas enseñanzas antiguas con la filosofía de Platón y con la doctrina cristiana.

Obviamente, en este libro no se considerarán muchos aspectos de la Cábala, ya que no es el lugar adecuado. Para más detalles, se remite al lector a la bibliografía apropiada. En el siguiente capítulo se describen los conceptos de competencia en este tratado, a saber, la relación entre la Cábala y el cuerpo humano, parte importante y fundamental del estudio de la *anatomía oculta*.

EL ÁRBOL DE LA VIDA Y LAS *SEFIROT*

El Árbol de la Vida es la síntesis de las enseñanzas más famosas e importantes de la Cábala. Se puede considerar como un diagrama que muestra los principios de la creación, la forma en que lo Divino se manifiesta y el papel del hombre en la creación. Las diez entidades que lo componen se llaman *Sefirot*, palabra traducible como vasijas, en cuanto contenedores de las manifestaciones y propiedades divinas. Están dispuestos a lo largo de tres pilares verticales y paralelos: tres a la izquierda, tres a la derecha y cuatro en el centro.

Desde la primera *Sefirah*, colocada en la parte superior del Árbol de la Vida, se desciende pasando a través de varios niveles de la divinidad al mundo terrenal. Los conceptos metafísicos que expresan estas emanaciones divinas están fuertemente vinculados a las situaciones emocionales y prácticas que caracterizan la vida del hombre.

Las diez *Sefirot* están conectadas por veintidós canales: tres horizontales, siete verticales y doce diagonales. Cada canal corresponde a una de las veintidós letras del alfabeto hebreo.

El Árbol de la Vida muestra los principios según los cuales se desarrolló la creación de los mundos visibles e invisibles. Un recorrido descendente a lo largo del cual las almas y las criaturas han alcanzado su forma actual. A través del conocimiento de estos principios es posible remontar y regresar a la perfección del vientre creador convirtiéndose en uno todo con él. Alegóricamente hablando, el Árbol de la Vida se puede comparar a la escalera de Jacob (Génesis, 28) cuya base descansa sobre la tierra y cuya cima toca el cielo.

LOS SENDEROS Y LAS ESTACIONES DEL ÁRBOL DE LA VIDA

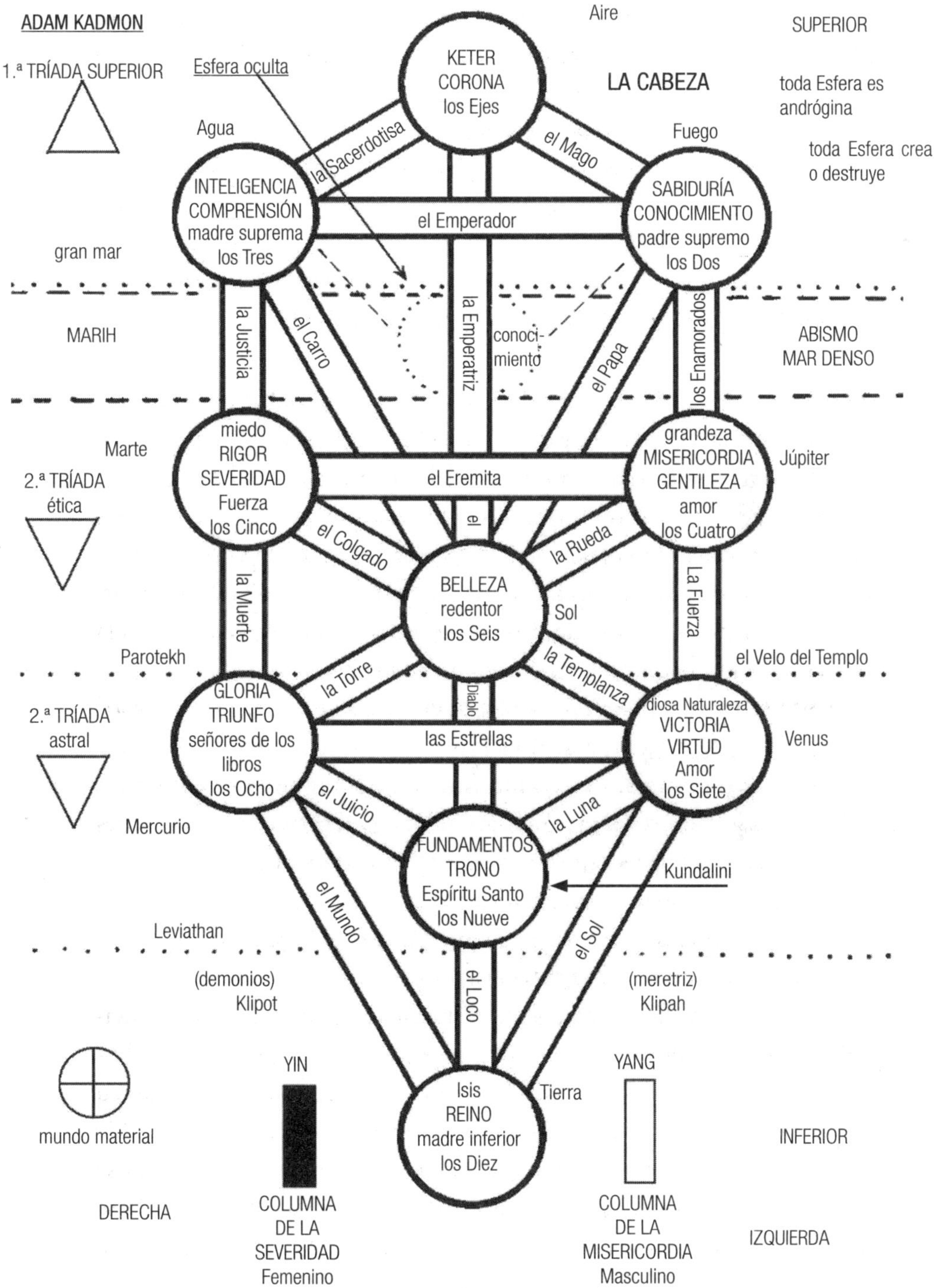

A lo largo de ésta los ángeles, es decir, las muchas formas de conciencia que animan la creación, suben y bajan todo el tiempo. Lo mismo se aplica también a la conciencia humana.

Por medio del Árbol de la Vida nos llega el alimento energético presente en los campos de Luz divina que rodean a la creación. Ese alimento fluye y desciende a lo largo de la serie de canales y de las *Sefirot*, menguando y subdividiéndose, hasta llegar a las criaturas, que lo necesitan para mantenerse en vida. Por el Árbol de la Vida suben finalmente las oraciones y los pensamientos de los que buscan a Dios, y que desean explorar los reinos siempre más vastos y más perfectos del ser.

Los pilares del Árbol de la Vida representan las dos polaridades que están en la base de toda la creación: la masculina a la derecha y la femenina a la izquierda. A partir de estos dos principios nacen todas las parejas de opuestos. Junto al pilar central del Árbol muestra los tres caminos que todo ser humano tiene ante sí: el amor (columna derecha), la fuerza (columna izquierda) y la compasión (columna central). Esta última, también llamada «camino real», tiene la función y la capacidad de mediar entre los dos opuestos.

La doctrina cabalística del Árbol de la Vida requiere una profunda integración de los componentes masculino y femenino que se realiza dentro de la conciencia humana. De acuerdo con la visión cabalística, la caída de Adán y Eva del estado de perfecta gracia, que disfrutaban en el Jardín del Edén, se debió a la voluntad de Adán de conocer la dualidad con Eva sin antes haber conocido profundamente el estado de unidad divina y sin antes haber llevado tal unidad al interior de su relación con Eva. De este modo, el resultado fue una relación imperfecta, fácil presa de la serpiente tentadora que, de hecho, interpuso su veneno mortal.

La promesa del diablo embaucador fue la de ser similar a Dios y conocer la diferencia entre el bien y el mal. Y así fue. Adán y Eva provocaron de este modo la experiencia de la muerte y de la destrucción precisamente porque así lo habían elegido.

Recorrer los senderos del Árbol de la Vida significa para el hombre volver a casa, es decir, encontrar ese estado de gracia que perdió después de la caída de Adán. Desde que la primera pareja de hombres fue expulsada del Edén, nadie ha accedido directamente al Árbol. Dios lo ha escondido para evitar que Adán, habiendo absorbido el principio del mal, pueda arrebatar de una manera indigna y sin la justa preparación el secreto de la vida eterna.

Según la tradición cabalística dos querubines fueron apostados para hacer guardia en el Árbol, armados con una espada de fuego para evitar que ninguna persona que no sea digna de entrar en el Edén cruce el umbral. Las polaridades de estos dos ángeles son una femenina y la otra masculina.

Sólo hay un modo de que estos querubines cesen de vigilar con severidad y atención: elevar el propio espíritu comprendiendo los misterios contenidos en el Árbol de la Vida y haciéndolos propios. Sólo entonces el hombre podrá ser digno de presentarse ante ellos. Ellos, frente a un estado de conciencia pura y elevada, enfundarán sus espadas y cruzarán sus alas para definir el arco que enmarca la puerta de acceso al Jardín del Edén.

LA PRIMERA TRÍADA: *KETER, JOJMÁ, BINAH*

KETER: CORONA

Traducible como «corona», *Keter* es la *Sefirah* más cercana al mundo divino de la perfección. Es en su esencia diferente de las demás *Sefirot* en cuanto representa la esencia primaria, del origen del cual brotan todas las demás *Sefirot*. No es lo Absoluto en sí (*Ein Sof*), sino que constituye la manifestación inicial. Por lo tanto, *Keter* se puede considerar el primer punto de la emanación divina en el que el pensamiento y la energía son todavía estadios inconcebibles. Esta *Sefirah* es la raíz del Árbol de la Vida, representado al revés, ya que tiene las raíces en lo alto y las ramas abajo.

En el cuerpo humano no tiene una correspondencia específica, ya que lo envuelve todo, pero a veces se asocia al cráneo.

JOJMÁ: SABIDURÍA

Representa el mundo de las ideas. Es concebible como un canal para el paso de la fuerza que surge directamente de *Keter*, y se le parece. Al ser la primera energía, o *Sefirah*, que emana de *Keter*, representa la Sabiduría y es el brazo derecho, el dador de vida de todas las cosas creadas. Principio masculino y arquetipo del padre. Constituye, en el orden de la creación, la energía que genera el ser, que comunica sus vidas y les imprime el movimiento. Es el principio de la idea, el pensamiento interior que actúa simultáneamente. En el mapa de la *anatomía oculta*, en el paralelismo entre el Castillo de Camelot y el cuerpo, corresponde a la Sala del Rey, considerada como principio masculino.

En el cuerpo humano corresponde al hemisferio cerebral derecho.

BINAH: INTELIGENCIA

En esta *Sefirah* la idea y el concepto concebido por *Jojmá* toman forma. Es el pensamiento racional, empírico, matemático. Es el punto de contacto entre la idea concebida por *Jojmá* y su traducción al lenguaje. Permite, por tanto, que las formas de pensamiento sean compartidas. En el hombre es la capacidad de derivar conceptos e ideas diferentes y de comunicarlas después de haberlas asimilado. En *Binah* la idea concebida por *Jojmá* se expresa y se realiza a través del intelecto, transmitido por las palabras.

Todo el trabajo intelectual, de razonamiento, de asimilación de nociones es vehiculado por esta *Sefirah*. Cuando en el hombre esta emanación funciona bien corresponde a la alegría de quienes han adquirido el justo conocimiento intelectual que satisface todas sus preguntas. En el mapa de la *anatomía oculta*, en el paralelismo entre el Castillo de Camelot y el cuerpo, corresponde a la Sala de la Reina, entendida como el principio femenino.

En el cuerpo humano *Binah* corresponde al hemisferio cerebral izquierdo.

LA SEGUNDA TRÍADA: *HESSED, GUEVURAH, TIFERET*

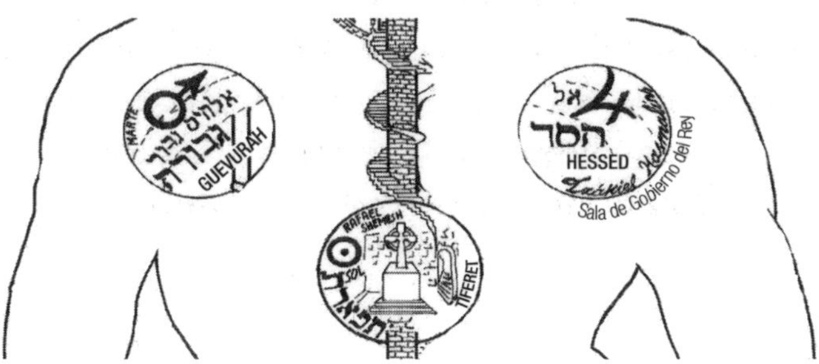

HESSED: AMOR

Es el amor absoluto, sin límites. La Carta de San Pablo a los Corintios describe completamente el concepto de este amor. Es un amor que «todo lo cree, no tiene en cuenta el mal, todo lo soporta». Por lo tanto, expresa una benevolencia incondicional en tanto el mundo se construye sobre el amor. Es la capacidad de amar incondicionalmente, de perdonar, incluso a aquellos que no lo merecen. Es la mano derecha que desea llamarlo y acercarlo. En el mapa de la *anatomía oculta*, en el paralelismo entre el Castillo de Camelot y el cuerpo, corresponde a la estancia de gobierno del rey, entendida como reservada a los emisarios de *Jojmá*.

En el cuerpo humano corresponde al hombro y al brazo derechos.

GUEVURAH: RIGOR

El amor incondicional de Hessed sería sofocante y mal correspondido sin una contraparte que puede vehicularlo y retenerlo. He aquí, pues, la función de la *Sefirah Guevurah*, el rigor, la severidad. Tiene la autoridad para limitar, controlar y dirigir el amor impetuoso de modo que no se disperse y no se convierta en sofocante. Sin esta *Sefirah* el amor no podría realizarse debido a que no encontraría un recipiente adecuado para acogerlo. El rigor también se convierte en Temor a Dios. *Guevurah* es el tribunal supremo que retribuye a cada uno según sus méritos. El equilibrio entre *Hessed* y *Guevurah* es importantísimo, ya que son dos aspectos de la personalidad de Dios: el amor que fluye libremente y el juicio severo. En episodios de punitivos del Antiguo Testamento (por ejemplo, el de las diez plagas de Egipto, Éxodo 7, 14-12, 30) Dios actúa en *Guevurah*. Es la mano izquierda que limita y detiene.

En el cuerpo humano corresponde al hombro y el brazo izquierdos.

TIFERET: BELLEZA

Hessed y *Guevurah* alcanzan el equilibrio en esta tercera vasija: el amor, limitado por el rigor, pierde su potencial indomable y encuentra una dimensión capaz de amar, pero también de culpar y, en ocasiones, de condenar de manera consciente, nunca violenta. Gracias a la armonía que se crea en *Tiferet*, la belleza y los criterios estéticos emergen, toman forma y se imponen sobre el mal y sobre el caos. En la analogía del mapa de la *anatomía oculta* con el Templo de Salomón, esta *Sefirah* se representa con el altar de los perfumes. En este lugar, al que sólo los sacerdotes tenían acceso, las plegarias y las adoraciones son percibidas por el Eterno como un «suave perfume» y se difunden en él. Únicamente los bautizados y purificados, es decir, los que, conscientes de la existencia de la grandeza de Dios en sus manifestaciones, eligen enajenarse del mundo para alcanzarlo, tienen acceso a la adoración.

En el cuerpo humano *Tiferet* se encuentra en el centro del corazón.

LA TERCERA TRÍADA: *NETZAJ, HOD, IESOD*

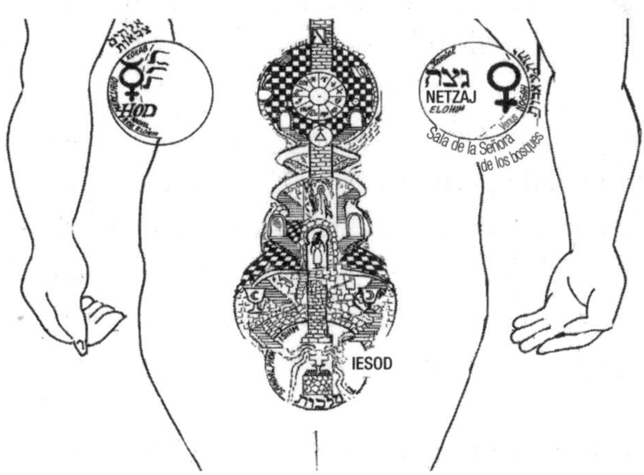

NETZAJ: ETERNIDAD O VICTORIA

El amor proveniente de *Hessed* no podría extenderse por el mundo y encontrar estabilidad sin la acción de la *Sefirah Netzaj*, que tiene la función de combatir y vencer los obstáculos que se interponen a las buenas acciones y a la profusión del amor.

Esta emanación representa el sentido de seguridad y estabilidad que impregna a los que saben cómo apoyarse en el lugar correcto.

En el cuerpo corresponde a la pierna y al pie derechos.

HOD: ESPLENDOR

Como *Binah* concreta *Jojmá*, del mismo modo *Hod* concretiza el rigor emanado de *Guevurah* y hace perceptibles y activas las emociones que provienen de ella. Da al hombre la capacidad de adaptarse a los cambios del mundo y de la vida, lo hace dinámico, emprendedor, consciente de que un fallo no es el trágico final de un proceso, sino sólo una experiencia que le permite hacer frente con más conocimiento a eventos futuros. Mitiga el miedo a lo desconocido: equivalente a la visión para los negocios y a la capacidad de interactuar en la vida social.

En el cuerpo humano *Hod* se encuentra en la pierna izquierda.

IESOD: FUNDAMENTO

En esta vasija, los deseos, las aspiraciones, los sueños y las emociones encuentran su morada. Todos los sentimientos, las esencias y las capacidades se combinan para ser donadas a las otras personas: es un proceso que presenta todos los aspectos interiores a la luz de la verdad, en su forma más pura y sin condiciones. *Iesod* regula la sexualidad que define la personalidad del individuo, y que es un instrumento fundamental de control de la vida social y de las relaciones entre los individuos.

***Iesod* se encuentra en los órganos sexuales.**

MALJUT: REINO O SOBERANÍA

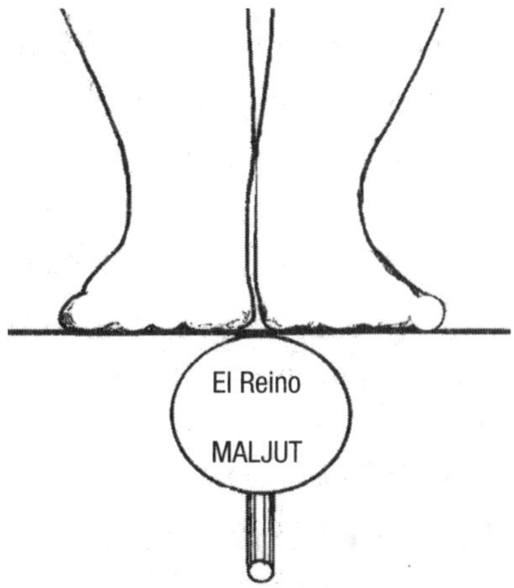

Maljut es la vasija que contiene los deseos del hombre y la voluntad necesaria para realizarlos. Muestra el camino que debemos seguir para lograr nuestros objetivos: los méritos que encuentran la voluntad y la fuerza para caminar a lo largo de esta subida serán iluminados en su esfuerzo; aquellos que en cambio no aspiran a elevarse inevitablemente se deslizarán en la dirección opuesta, en un descenso que conduce a la pobreza, a la sequía del espíritu y a la muerte. Por su naturaleza, esta *Sephira* es la más expuesta y la más cercana al mundo material y a las fuerzas del mal que lo habitan. Sólo la vía del merecedor puede protegerla gracias al respeto del rigor, de los preceptos y de las buenas acciones. En su plenitud, *Maljut* representa el lado femenino de Dios (*Shekinah*) y la capacidad del Descenso, es decir, de hacer posible las relaciones de gobierno y las expresiones de poder.

Hallada su expresión en el mundo material, *Maljut* es la madre de cada recipiente y el cuerpo humano se encuentra en las plantas de los pies. En la naturaleza es la tierra misma.

DAAT: CONOCIMIENTO UNIFICADOR

La undécima *Sefirah* es *Daat.* Situada entre *Jojmá-Binah* y *Tiferet*, encuentra espacio en la inalcanzabilidad de *Keter*. Todas las parejas de opuestos pueden coincidir mediante la influencia de *Daat*, que es el principio unificador que permite el uso simultáneo de las dos características principales del hemisferio derecho y del izquierdo, es decir, intuición y lógica.

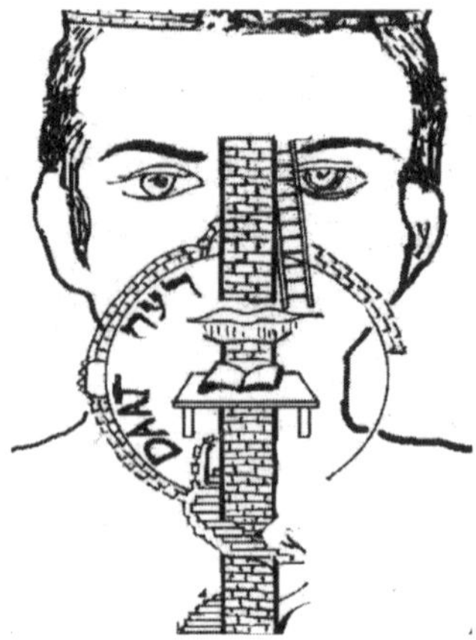

En esta vasija se produce el espíritu de la semilla que se transmite mediante las relaciones sexuales.

En el cuerpo es la parte central del cerebro y el cerebelo.

ELOHIM Y *SEFIROT*

Según la Cábala, los poderes creativos son los *Elohim*, entidades espirituales que construyen el universo de acuerdo a los planes de Dios, y que, consideradas en su conjunto, pueden ser equiparables al Logos Platónico, al Verbo de los cristianos y al Demiurgo de los gnósticos. La relación de los *Elohim* con los *Sefirot* se expresa como en la siguiente tabla:

METRATRÓN	Ángel de la presencia, el príncipe que corresponde a *Keter*
RAZIEL	Heraldo de Dios, corresponde a *Jojmá*
TSAPHKIEL	La contemplación de Dios, corresponde a *Binah*
TSADKIEL	La justicia de Dios, corresponde a *Hessed*
SAMAEL	La severidad de Dios, corresponde a *Guevurah*
MIGUEL	Como a Dios, corresponde a *Tiferet*
DANIEL	La gracia de Dios, corresponde a *Netzaj*
RAFAEL	La medicina de Dios, corresponde a *Hod*
GABRIEL	El hombre Dios, corresponde a *Iesod*
SANDALPHON	Es la segunda fase de Metatrón y corresponde a *Maljut*

Estos *Elohim* también son llamados Arcángeles y pertenecen al mundo de *Briah*, es decir, de la creación, de la cual hablaremos en breve. Según la Cábala, los nueve coros de ángeles que corresponden a los *Sefirot* y a los coros angelicales del cristianismo se clasifican de la siguiente manera:

NOMBRE CABALÍSTICO	**SIGNIFICADO**	***SEFIRAH***	**NOMBRE CRISTIANO**
HAYYOT HA KADOSH	Animales de Ezequiel y del Apocalipsis	*KETER*	SERAFINES
OFANIM	Ruedas de Ezequiel	*JOJMÁ*	QUERUBINES
ARALIM	Seres poderosos	*BINAH*	TRONOS
HASHMALIM	Seres brillantes	*HESSED*	DOMINACIONES
SERAFIM	Serpientes llameantes	*GUEVURAH*	POTESTAD
MELAJIM	Rey	*TIFERET*	VIRTUD
ELOHIM	Dioses	*TIFERET*	PRINCIPADOS
BENI-ELOHIM	Hijos de Dios	*HOD*	ARCÁNGELES
QUERUBÍN	Sede de los hijos	*IESOD*	ÁNGELES

También se mencionan diez archidiablos en oposición a los diez arcángeles; su nombre y su significado se muestra en la siguiente tabla:

THAUMIEL	Que osó igualarse a Dios
SATHARIEL	Esto entorpece la misericordia de Dios
CHIAGIDIEL	Que se opone a la influencia de Dios
GAMCHICOT	El que teje tramas
GOLAB	El incendiario
TOGAR	Demonio de la guerra

HARAB SERAP	Demonio de los fracasos
SAMAEL	Demonio de la confusión
GAMALIEL	Demonio de lo que es obsceno
LILIT	Demonio de lo que es impuro

LOS CUATRO MUNDOS DE LA CÁBALA: LA CREACIÓN DE TODO BAJO MANIFESTACIÓN DIVINA

Dios se revela en el Todo. Todo lo creado y que existe es manifestación de Dios, ya sea en los mundos invisibles como en los visibles.

De acuerdo con la visión cabalista los mundos son dimensiones, estructuras naturales dentro de las cuales la divinidad se oculta. Realidades paralelas donde este ocultamiento se hace poco a poco cada vez más fuerte. El ser humano es capaz de percibir sólo uno de estos mundos, a través de la materia que lo hace manifiesto. Los otros mundos permanecen imperceptibles, desprovistos de materia y, como tales, no visibles a nuestro nivel de conciencia.

En el estudio de la Cábala judía, al igual que en las demás tradiciones antiguas de todo el mundo y reveladas de una manera diferente, los mundos son:

Atziluth, el mundo arquetípico más cercano a la perfección en cuanto anexo de la Esencia Divina. Mundo intangible, sin límites, indefinible, idea en el alma del Gran Absoluto, Dios incomprensible, el origen de todo, el alma de Dios, el macroprosopo, es el mundo generador de Dios que está más allá de su propio nombre. En cierto modo es el equivalente a *Keter*. Tiene el doble aspecto de un mundo ya emanado, pero que, al mismo tiempo, todavía se encuentra en su emanador, la primera fuente. La realidad humana se halla mucho más abajo que este mundo, habitado por la realidad llamada *Partzufim*, muy superior incluso a los ángeles. Estas entidades pueden ser consideradas como arquetipos, expresiones o emanaciones de las cuales Dios se reviste para acercarse a la realidad humana. El Ser Supremo, en el mundo de *Atziluth*, actúa directamente y sin intermediarios o ministros. Esto se debe a que este mundo no posee una identidad separada de la de Dios, en este plano de la realidad, actúa como potencia matriz capaz de expresarse en el inferior.

En el mundo por debajo de *Briah*, el Todopoderoso actúa con la mediación de los arcángeles. Aquí es cuando la existencia aparece por primera vez como una entidad separada del Creador, aunque todavía del todo espiritual. En este mundo están las raíces supremas y generales de todos los seres que sólo más tarde aparecerán en su forma específica. *Briah* está poblado por los ángeles más elevados, aquellos del Servicio que, según la tradición, cantan sin cesar: «*Kadosh, Kadosh, Kadosh…*».

Debajo encontramos *Yetzirah*, o Formación. Aquí la realidad espiritual se somete a una ulterior contracción (la etimología viene de la palabra que significa precisamente 'estrecho') y debe asumir formas particulares. Pueblan este mundo las diversas formas angelicales, tanto positivas como negativas. Si bien el principio del mal está totalmente ausente en *Atziluth* y casi inexistente en *Briah*, aquí ya puede manifestarse. Esto ocurre porque las criaturas, estando en una realidad que se ha vuelto más distante del Principio Creador, tienen libertad de acción y de elección, lo que puede llevarlas a actuar contra la voluntad de su Creador.

Por último, nos encontramos con *Assiah*, el mundo de la materia. Aquí hallamos todo lo que ha adquirido cualidad física, y las criaturas asumen la forma de cuerpos materiales. En este mundo, la libertad de elección está en su punto más alto y el mal es libre de manifestarse. A pesar de ser el más alejado de la perfección divina, *Assiah* es el más importante de todos los mundos. La raíz de la palabra *Assiah* significa 'acción'. Es el mundo en el que las criaturas actúan, viven y eligen, independientemente del Creador que las ha emanado. Lo que percibimos de este mundo con nuestros sentidos es sólo la esfera inferior, la más material, por el hecho de que con los órganos sensoriales no percibimos más que los principios inferiores, los más materiales del hombre, es decir, su cuerpo.

Atziluth	Mundo de la Luz Infinita	Espíritu de Sustancia y Poder
Briah	Mundo de la Luz Astral Superior	Alma Superior
Yetzirah	Mundo de la Luz Astral Inferior	Alma Inferior
Assiah	Mundo de la Materia	Cuerpo/Mente

LA MUERTE DEL CUERPO Y LA SUPERVIVENCIA DEL ALMA

Conocer nuestra forma humana y nuestra alma es un requisito fundamental para comprender el mundo divino de las *Sefirot*, ya que, desde que el hombre fue creado bajo el modelo de estas emanaciones, el alma es un espejo en el que se refleja el esquema del Árbol de la Vida.

Como hemos sido creados bajo el modelo de las *Sefirot*, los cabalistas creen que cuanto más conozcamos nuestra forma humana y nuestra alma, mejor conoceremos el mundo divino. Según los cabalistas, el alma es en realidad un espejo en el cual se reflejan las *Sefirot*, es una chispa de la esencia divina.

En el *Zohar*, el alma se divide en tres partes que toman su nombre de los estadios de la creación.

Cada una de estas partes se deriva de una *Sefirah* diferente:

NEFESH: es la parte del alma que da vida y sostiene el cuerpo. Su fuente es la *Sefirah Maljut.*

RUAJ: el espíritu, la sede del intelecto y de la razón que permiten al hombre transcender la mera existencia humana. Su fuente es la *Sefirah Tiferet.*

NESHAMAH: tercera parte del alma conocida como alma santa o chispa divina. Es generada por *Binah* y tiene su sede en el cerebro.

Todo hombre posee el potencial para realizar los tres grados del alma, pero tales grados no actúan de forma automática en todos los individuos. Si *Nefesh* está activo en cada uno de nosotros, las otras dos partes se activan sólo después de acciones meritosas.

Según la Cábala, la muerte del hombre no es más que la transición a una nueva forma de existencia. El hombre está llamado a regresar finalmente al seno de Dios, pero esta reunión no se puede lograr en el estado actual a causa de la materia de su cuerpo. Este estado, como los otros que conforman al ser humano, debe someterse por lo tanto a una purificación necesaria para alcanzar el grado de espiritualidad requerido por la nueva vida.

En la Cábala conviven las tres partes, se alimentan a sí mismas e influyen a las otras durante la vida, la cual depende del equilibrio que forman entre sí. La muerte puede sobrevenir por dos motivos: el primero se define de arriba abajo (desde el interior hacia el exterior), ya que deviene cuando la energía Divina que sostiene a *Neshamah* y a *Ruaj* disminuye o desaparece, con lo que *Nefesh*, a la que está ligada, al no ser capaz de mantener la vida en el cuerpo carnal, lo hace perecer; el segundo, un proceso que se inicia de abajo arriba (del exterior al interior), se produce cuando el cuerpo, debido a su naturaleza carnal y débil, se lesiona o se enferma y dispersa la capacidad necesaria para recibir la energía espiritual que sirve para alimentar el esfuerzo de *Nefesh*, *Ruaj* y *Neshamah* para llegar a él.

Estas dos maneras de morir poseen una misma característica: el acto de la muerte dura mucho más tiempo de lo que se cree popularmente. De hecho, como los tres estadios del alma llegan al cuerpo en diferentes momentos de la vida, del mismo modo, después de la convivencia, lo abandonan en momentos diferentes: sólo cuando todas las partes se han alejado de la carne sobrevendrá la muerte definitiva.

La primera en abandonar el cuerpo es *Neshamah*, que tiene su sede en el cerebro, la chispa divina, que también es el último estadio que se ha activado, en orden cronológico, durante la vida de cada hombre en su forma material, cerca de la edad de la pubertad.

Cuando toma conciencia de que le sobreviene la muerte, el hombre experimenta una natural elevación espiritual de *Ruaj* que le permite, gracias a la nueva sensibilidad, ver a sus amigos y parientes fallecidos. En este mismo momento, cuando la muerte está muy cerca, *Ruaj* atraviesa por última vez todas las partes del cuerpo para separarse definitivamente y encuentra refugio en el corazón por estar protegida por *Masikim*, entidad subconsciente también interpretada como demonio que, al sentir la inminencia de la muerte, se obstina en permanecer en el cadáver. Todavía no está completamente separada del cuerpo, *Ruaj* vacila entre alcanzar las dimensiones del espíritu y refugiarse en el corazón, sede de la vida misma, donde la vida ha tenido su origen, así como el punto cardinal de conexión entre el cerebro y el hígado, por lo tanto, puente fundamental entre *Neshamah* y *Nefesh*.

Así, donde empezó, la vida termina, en el órgano que custodia el intelecto humano.

Según el Talmud, texto sagrado que contiene variadas discusiones relativas a la interpretación y aplicación de las enseñanzas de la Torá, en el momento de la muerte *Ruaj* se aleja del corazón y por la boca sale del cuerpo con el último aliento. Cuando la *Ruaj* abandona la carne, el cuerpo se convierte en cadáver. Sin embargo, la muerte todavía no ha sobrevenido del todo en él porque *Nefesh*, parte del alma que sostiene la vida y reside en el hígado, está muy unida y no tiene deseo alguno de irse. No obstante, la llegada de las entidades *Masikim* y de la natural descomposición de los miembros lo obligan a alejarse. Así que incluso *Nefesh*, que había alcanzado el cuerpo en primer lugar, lo abandona, por último, aunque permanece un tiempo a su lado para consumar el luto. Sólo cuando la sepsis de la carne es completa, también la tercera parte del alma lo abandona.

Siempre de acuerdo con el Talmud, existen novecientos tipos diferentes de muertes: la más violenta se asocia a la imagen de una cuerda de cabellos arrancada de la garganta, la más dulce es la de un beso.

Sin embargo, según el *Zohar*, aunque se disuelva por completo, el cuerpo mantiene siempre dentro de sí una huella, un recuerdo, una sombra del *Nefesh*, porque lo que antes era una unidad absoluta nunca se puede separar por completo. La Cábala llama a este vínculo «aliento de los huesos» o «espíritu de los huesos». En consecuencia, debido a la relación indisoluble entre las tres partes del alma, *Neshamah* y *Ruaj* sentirán durante toda la eternidad la influencia de lo que ocurre en la parte de *Nefesh* que se ha mantenido en los restos descompuestos. Gracias a esta verdad se crea el *Habal de Garmin*, o el «cuerpo de la resurrección» (cuerpo sutil luminoso).

Después de la muerte, las tres partes del alma, por su naturaleza, regresan a sus esferas dimensionales acompañadas por los espíritus similares que la toma de conciencia de la *Ruaj* le ha permitido ver y reconocer.

Debido a que el todo es único y está gobernado por un solo principio, una sola ley, así lo singular es el reflejo del universo en dimensiones más pequeñas. Como resultado, las divisiones universales residen y gobiernan cada realidad diferente y todos los elementos, sin ninguna exclusión. Se separan en los tres mundos, *Assiah*, *Yetzirah* y *Briah*, que corresponden a los tres estadios del alma del hombre, *Nefesh*, *Ruaj* y *Neshamah*, que tienen su sede en estas diferentes dimensiones.

Encontramos en Daniel y en los Salmos de Isaías muchas referencias al espíritu de los huesos que, al pertenecer al mundo *Assiah*, sigue residiendo de manera sensible, por lo tanto, perturbable, en el cuerpo. Para los judíos era importante no enterrar cerca a las personas que en vida habían tenido un conflicto, y también mantener próximas las tumbas de aquellos que se habían amado: pues si estaba el aliento de los huesos presente, continuaría interactuando con los espíritus cercanos, influyendo, como ya se ha mencionado, a su vez incluso en el *Ruaj* y el *Neshamah*, aunque por ahora residentes en sus mundos, a causa del vínculo que los une para la eternidad. Por esta eterna conexión entre las tres partes del alma y por la naturaleza sensible del *Nefesh* que permanece en el cuerpo, las Sagradas Escrituras hebreas prohíben categóricamente la evocación de los muertos: perturbar el espíritu de los huesos significaría perturbar también el *Ruaj*, el *Neshamah* y los mundos que los hospedan. Por otra parte, como el cuerpo habita en las esferas inferiores del *Assiah*, sólo la materia es perceptible a sus ojos, no los espíritus. Un pasaje del *Zohar* explica bien este principio connotándolo como prohibición: «Si esto fuera permitido a nuestros ojos, podríamos ver en la noche, cuando viene el *Shabath*, la luna nueva, o en los días festivos, los *Diuknim* [los fantasmas] levantarse de las tumbas para alabar y glorificar al Señor».

A diferencia del cuerpo, el *Nefesh* reside en las esferas superiores del *Assiah*, mientras que el *Ruaj*, espíritu del intelecto y de la razón, vive en el *Yetzirah*, que es el mundo de la educación y del razonamiento. El *Neshamah*, la esquirla divina, la parte más elevada del alma, existe en *Briah*, que es el mundo que se caracteriza por el más alto nivel de espiritualidad. Las tres formas de alma reflejan en la sustancia y en el grado de elevación la naturaleza de los tres mundos de la pertenencia, los cuales, a su vez, aunque estén separados, permanecen conectados.

Las tres formas del alma, específicas y diferentes para cada hombre, no pueden ser percibidas por el ojo, pero pueden ser catalizadas y luego individualizadas y reconocibles por los *Zelem*. Éstos son una especie de mantos que cubren el *Nefesh*, el *Ruaj* y el *Neshamah* cuando están unidos en el cuerpo, dibujando sobre su sustancia una forma que de otra manera permanecería invisible: cada hombre tiene diferentes *Zelem*. Gracias a los *Zelem* la forma individual se mantiene incluso después de la muerte del cuerpo: «Así, son como en el *Zelem* (el fantasma)» (Salmo XXIX, 7).

Al igual que el resto del universo, según Luria, los *Zelem* se dividen en tres partes: una de luz espiritual interior, y dos de luces exteriores envolventes, llamados *Makifim*.

Cuando la muerte se acerca, los *Makifim* abandonan gradualmente el cuerpo de la forma más elevada del alma hasta el *Nefesh*, quedando aún asociados al eterno flujo vital para poder observar a la muerte, como dice la *Mishnath Jasidim*.

Aunque no son directamente perceptibles, los *Zelem* son la única oportunidad de que el ojo humano vea, o al menos intuya, las influencias y los seres espirituales que provienen de los mundos más elevados. También pueden ser considerados como la sombra que proyectan las tres partes del hombre: no se pueden ver los detalles, sino sólo el perfil que determinan con su cubierta. Únicamente de esta manera, durante las apariciones, se puede ver el *Habal de Garmin*, o más bien la proyección que el *Zelem de Nefesh* crea al cruzar el mundo *Assiah*. Este principio se aplica a todas las apariciones provenientes de los diversos mundos, elevados o inferiores: es el *Zelem* el que permite al hombre tener una visión borrosa, casi imperceptible y volátil de las realidades espirituales.

En conclusión, los *Zelem* se modelan bajo la forma del alma de cada ser humano individual, que a su vez cambia en el transcurso de la vida dependiendo de si se ha comportado de manera honesta o malvada; y como la vida del espíritu continúa eternamente, el alma pagará el precio de los pecados cometidos en la tierra cuando alcance la vida ultraterrena, a través de procesos de purificación proporcionales a la gravedad de los delitos, hasta llegar a la pureza y exigir luego a tender a la gravedad de los crímenes, hasta alcanzar la pureza y hasta pretender, entonces, aspirar a lo Divino.

IV
SISTEMA ENERGÉTICO: *NADI* Y CHAKRA

Concentraos en el ojo espiritual
Divino porque ésta es mi
Verdadera Forma.
Yo no soy este cuerpo
de carne y huesos.
Soy el siervo de todos.

Yogiray Sri Lahiri
Mahasaya

Anatomiae Occultii

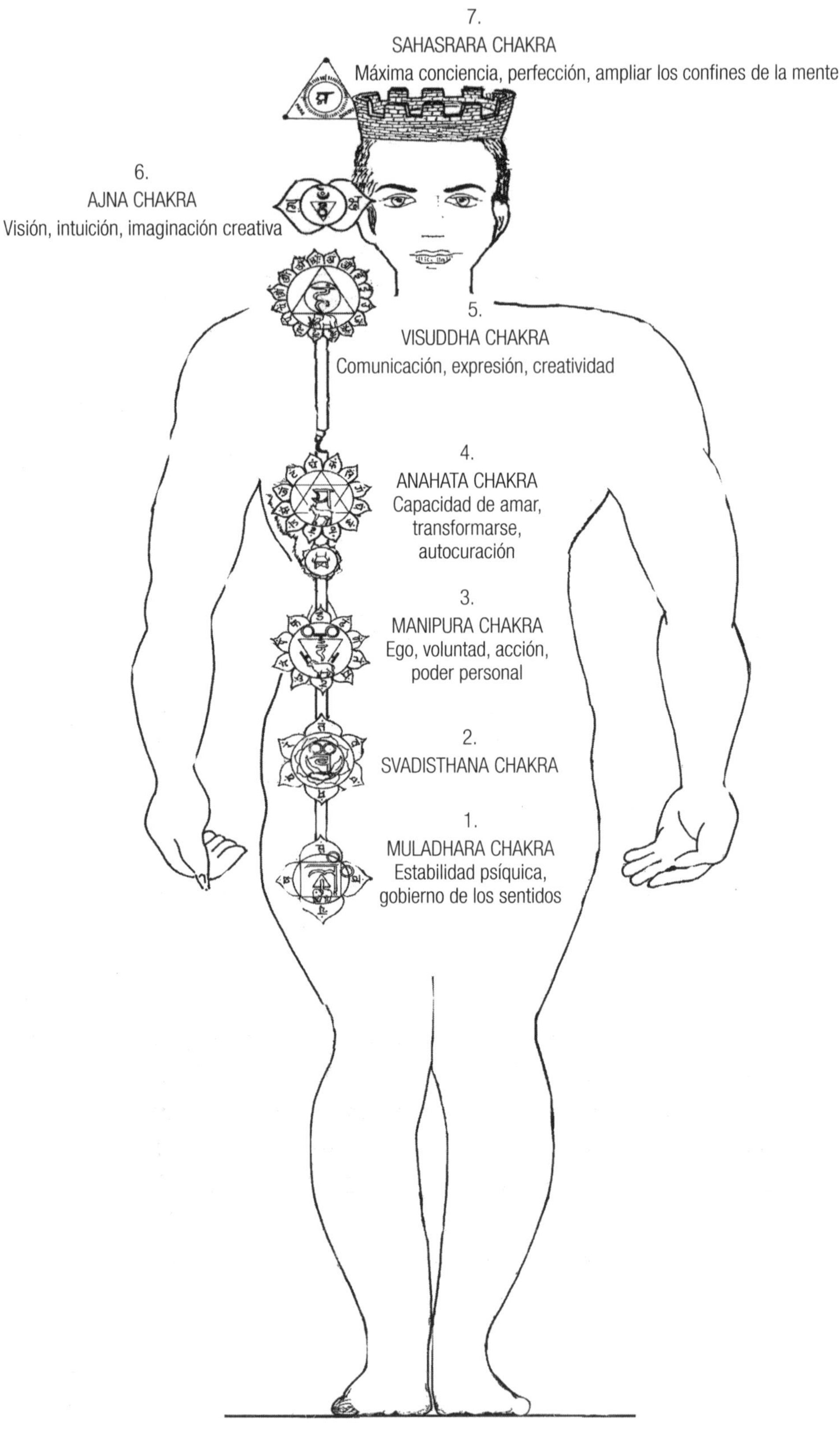

7.
SAHASRARA CHAKRA
Máxima conciencia, perfección, ampliar los confines de la mente
6.
AJNA CHAKRA
Visión, intuición, imaginación creativa
5.
VISUDDHA CHAKRA
Comunicación, expresión, creatividad
4.
ANAHATA CHAKRA
Capacidad de amar,
transformarse,
autocuración
3.
MANIPURA CHAKRA
Ego, voluntad, acción,
poder personal
2.
SVADISTHANA CHAKRA
1.
MULADHARA CHAKRA
Estabilidad psíquica,
gobierno de los sentidos

ORÍGENES HISTÓRICOS LITERARIOS: LOS VEDA

En el hinduismo, una de las religiones más antiguas y seguidas del mundo, muy extendida en Oriente, el universo se compone de las esencias y energías de todas las cosas existentes, visibles e invisibles. El cuerpo humano es un canal a través del cual fluye esta energía y conserva su esencia gracias a siete centros de fuerza física y metafísica llamados «chakras», que en sánscrito significa literalmente 'ruedas'. Los chakras, situados en el interior del cuerpo, tienen la tarea de conservar esa esencia, ya que la simple experiencia de la vida no permite entenderla y asimilarla.

Estos centros de fuerza se describen en los Veda (del sánscrito Vid, 'saber'), textos sagrados del hinduismo, que se remontan a más de tres mil años antes de Cristo, a la Edad del Bronce, aunque se estima que el núcleo central se desarrolló en torno al 500 a. C. Los hinduistas consideran estas escrituras *Shruti*, es decir, reveladas directamente por los *Rishi*, sabias divinidades antiguas y guardianas del conocimiento eterno. El conocimiento contenido en los Veda es tradicionalmente transmitido por los *Rishi*, cantores videntes con cometidos proféticos y divulgadores. La escritura de la tradición oral se atribuye a Rishi Krishna Dwaipayana, también conocido como Veda Vyasa, y a sus cuatro discípulos. Los Veda están divididos en cuatro libros principales:

Rig Veda: oraciones y versos poéticos dirigidos a los Deva, deidades celestes, que describen en su interior los preceptos de la correcta vida social. Por ejemplo, el modelo del ritual de matrimonio está estructurado en torno al canto dedicado a los matrimonios de las hijas de Surya, divinidad que representa al Sol.

Yajur Veda: procedimientos ritualistas que describen los ritos de sacrificio (de la raíz sánscrita *yaj*, 'adorar', de la que deriva *yajna*, adoración sacrificial). En estos rituales se invocan los elementos que dan energía positiva al cuerpo, como el alimento, el aire vital, los elementos naturales y el cuerpo sutil (etérico, astral y mental). Las cualidades positivas, que nacen en el hombre a partir de las adoraciones, están representadas en la cultura hinduista por las vacas, por eso el hinduismo se esfuerza por que éstas no sean asesinadas por las fuerzas del mal.

Saman Veda: la palabra *Sama*, que puede ser traducida por el concepto de 'llevar la paz a la mente', es un viaje místico en el que los hombres, a través de los cantos, las melodías y las danzas alcanzan un estado de trance y pueden acercarse a la Realidad Suprema, como por ejemplo Agni (divinidad del fuego) e Indra (divinidad del rayo y las tormentas).

Los 1.875 himnos que componen el Saman Veda fueron musicados para aumentar y realizar la participación de los adeptos al ritual.

Atharva Veda: escrituras compuestas en verso, pero que también presentan partes en prosa, se diferencian de los otros Veda porque se dirigen asimismo a los espíritus y a las divinidades malignas. Se podría decir que, en cuanto a la relación con las fuerzas de la naturaleza, tienen propósitos más prácticos que afectan a la vida de los hombres: gracias a sus mantras se crean rituales mágicos directos, por ejemplo, para la derrota del enemigo, para la vida doméstica, para tener hijos y bienestar.

Aparecen referencias a los chakras también en los Upanishad, textos que surgen como comentarios secundarios a los Veda, en los que se analiza la realidad metafísica, la naturaleza del ser divino y, de manera especial, la relación entre el alma y la materia. Representan la continua búsqueda de respuestas a las preguntas existenciales a través de la libertad de pensamiento y las perspectivas que se derivan de diferentes puntos de vista. Están fechadas alrededor del año 1500 a. C. y, aunque nacieron con carácter accesorio, con el tiempo se han convertido en los verdaderos textos de referencia de los filósofos hindúes, y contribuyen a la formación de las seis escuelas principales del hinduismo: las Darshana.

Nos encontramos otras referencias a los chakras en los *Yuga Sutras* de Patanjali, datados alrededor de 200 a. C. Los modelos descritos en estos textos a través del tiempo fueron adaptados a los preceptos del budismo tibetano. El significado del chakra llega a Occidente en 1919 con el libro *El poder serpentino*, del autor inglés Arthur Avalon. Los más recientes en cambio son el *Sat-Cakra-Nirupana* de 1557 y el *Padaka-Pancaka* (siglo X d. C.), en los que se encuentran las descripciones de los chakras y de las prácticas de yoga que derivan de ellos. Por último, el texto fundamental para el estudio de la teoría de los chakras y de las técnicas del despertar de la *Kundalini* es el *Gorkashashtakam*, también fechado en el siglo X a. C., que describe en detalle los procesos.

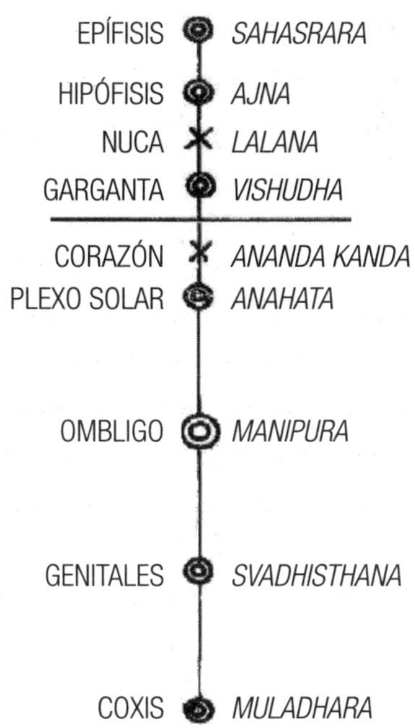

La energía sutil vital entra y sale del cuerpo con la respiración pránica a través de sus chakras y a lo largo de las *nadi.*

Con el término *nadi* se designan los canales astrales, los canales por los que pasa el *prana*, el aliento vital que alimenta todas las partes individuales del cuerpo. El mismo término, derivado del sánscrito, significa 'canal', 'tubo'. El complicado sistema de las *nadi* tiene, por lo tanto, la función de conexión entre las diferentes energías vitales a través de las partes del cuerpo humano y de sus diversos centros sutiles, los llamados chakras.

Las diferentes energías de flujo son: *PRANA* (energía vital ascendente), *APANA* (energía vital descendente), *SAPANA* (energía mediana), *VYANA* (energía que permite el movimiento de todas las extremidades).

Las tres principales *nadi* son *Sushumna, Ida* y *Pingala.*

La primera se llama *Sushumna* y es un importante canal de energía que se inicia en el extremo inferior del tronco y llega al extremo de la cabeza. Su color es el rojo. Es similar al sistema nervioso cefalorraquídeo.

En torno a ella están las otras dos *nadi*, llamadas *Ida* y *Pingala*, que tienen la función de transportar las dos polaridades, positiva y negativa.

La positiva/masculina, dirigida hacia arriba, ascendente; la otra negativa/femenina, dirigida hacia bajo, descendente. Ambas terminan en la nariz.

Pingala: sus funciones son especulares a las del sistema nervioso simpático: controla el latido del corazón a través de la emisión o la disminución de adrenalina, regula las constricciones de los vasos sanguíneos, el órgano de la piel y el aparato digestivo. También actúa como inhibidor de los movimientos peristálticos. Este canal tiene su origen en el plexo sacro-coccígeo, desemboca en la fosa nasal izquierda y transmite la energía positiva.

Ida: vehículo de energía negativa, simbolizada por la Luna, igual al sistema nervioso parasimpático, activa, a través de la conservación de la energía, las diferentes funciones del intestino; regula la secreción de las enzimas digestivas; controla la peristalsis y permite el vaciado de la vejiga. Gracias a la *Ida* también la parte de la mente racional que se identifica con la estructura del ego deja espacio a la creatividad, la intuición y la circulación e interacción de ideas. Se encuentra en el lado derecho del plexo sacro-coccígeo y termina en la fosa nasal derecha.

El cuerpo físico y el cuerpo sutil (emociones, pensamientos, percepciones, estados de conciencia) forman un todo. Estos dos cuerpos están relacionados a nivel de los chakras, de forma que actuar sobre el cuerpo físico producirá un efecto sobre el sutil y viceversa. Cada «loto» tiene un número determinado de pétalos; que tiene en su centro un particular *Yantra* (mandala, forma geométrica), tiene su propio *Mantra* y está asociado a un elemento (*Tattvwa*), a un sentido, y a un color.

Hay otros miles de canales de dimensiones inferiores, pero que también tienen la importante tarea de irradiar de energía cada parte de la red que constituye el cuerpo etérico, y en consecuencia el físico. A veces puede darse un descenso en el nivel de energía de esta red que causa debilitamiento físico e inmune.

Los siete chakras principales, los más mencionados, se encuentran a lo largo de la columna vertebral, en los puntos donde la *nadi* más importante, es decir, el *Shusumna*, se cruza con otra veintena de *nadi*. Por lo tanto, los principales chakras nacen del encuentro de veintiún *nadi*. Hablar de siete chakras, sin embargo, es inexacto: cada una de las intersecciones presenta de hecho dos vórtices de energía, uno anterior y otro posterior. Los chakras principales son, por tanto, doce.

Junto a ellos, de hecho, también hay secundarios que se forman del encuentro de catorce *nadi*. Los chakras secundarios son importantes para la regulación de la energía en las zonas del cuerpo que tienen asignadas. Entre los chakras secundarios, son particularmente importantes el del centro de las palmas de las manos, en estrecha conexión con el chakra del corazón, y chakra de las plantas de los pies, en relación con el chakra de la raíz.

Por último, también hay chakras menores y microchakras, tales como los que se encuentran en la punta de cada dedo: éstos nacen del encuentro de siete, tres o dos *nadi*.

KUNDALINI

Los cuatro senderos para el despertar de *Kundalini*

Primer sendero: del *MULADHARA* al *SAHASRARA* a través de la columna vertebral
Segundo sendero: del *AJNA* al *SAHASRARA*
Tercer sendero: del *CORAZÓN* al *SAHASRARA*
Cuarto sendero: del *MULADHARA* al *SAHASRARA* a través de la frente

En el primer chakra reside la energía denominada *kundalini*. Este término proviene del sánscrito *kundala*, traducido como 'envoltorio, espiriforme'. Simbólicamente, esta energía, de hecho, se representa mediante una serpiente dormida envuelta alrededor del primer chakra en la base de la columna vertebral. La elección de esta representación está fuertemente ligada al hecho de que, desde la Antigüedad, la serpiente se considera un símbolo de transformación y metamorfosis asociado al bienestar psicológico. Esta energía es despertada (muchas técnicas de yoga tienen precisamente este objetivo) y empujada por *Sushumna* para elevar los chakras despertándolos y purificándolos. Unida al séptimo, completa su despertar aportando beneficios evidentes sobre el cuerpo y la mente.

CARACTERÍSTICAS DE LOS SIETE CHAKRAS

Primer chakra, *Muladhara:* Yo soy

POSICIÓN EN EL CUERPO: parte inferior de la pelvis entre el coxis y el pubis.
ÓRGANOS ASOCIADOS: estómago, páncreas, hígado, vesícula biliar, bazo e intestino delgado, dientes y uñas.
ELEMENTO: tierra.
COLOR: rojo.
FUNCIÓN: estabilidad psicológica, el gobierno de los instintos.

Muladhara, 'raíz' en sánscrito, es el primer chakra, situado en la base de la columna vertebral. Se desarrolla ya en el feto y sigue su crecimiento hasta el primer año de vida. Ayuda al cuerpo a desarrollar todas las habilidades motoras, a descubrir las propias artes y los propios confines, por lo que define todo lo que está en torno al hombre y que es diferente de él o, más bien, «no es» él.

Al desarrollarse en la edad prenatal, es tan importante como delicado: cualquier trastorno emocional o físico, derivado del abandono, la malnutrición o la violencia, puede afectar negativamente a la línea de los chakras que lo siguen y puede conducir a interrumpir la relación entre la mente y el cuerpo debido al desarrollo excesivo de la racionalidad respecto al desarrollo de lo físico. Al perder la conciencia motora del cuerpo, el individuo no comprende plenamente la existencia, duda de la conciencia de sí mismo y olvida sus propias necesidades físicas. No reconoce los instintos como el hambre y la sed: pueden darse casos de malnutrición o sobrealimentación.

Del mismo modo, todas las emociones que causan resentimientos físicos pueden ser malinterpretadas con repercusiones tanto a nivel físico como a nivel espiritual.

Muladhara gobierna y afecta a los pies, las piernas, las rodillas, la pelvis, la columna vertebral, las glándulas endocrinas suprarrenales, el tracto digestivo, la vejiga, el intestino grueso, los músculos, el esqueleto y el sistema nervioso autónomo, y su sentido correspondiente es el olfato.

Las habilidades psicológicas que se desarrollan a partir de su correcto funcionamiento son la determinación, la firmeza, la estabilidad y la autoestima.

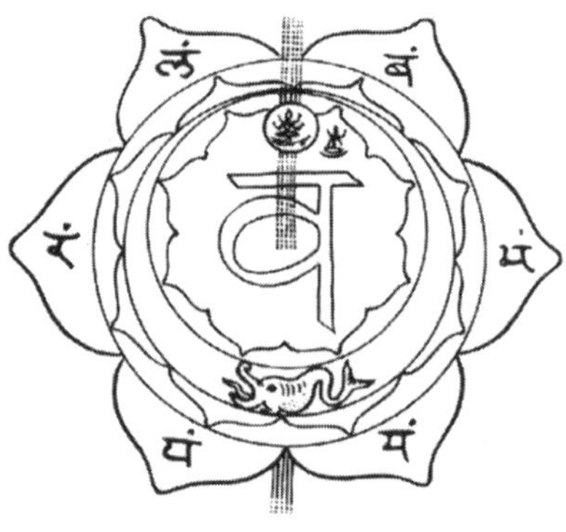

Segundo chakra, *Svadhisthana:* Yo siento

POSICIÓN EN EL CUERPO: parte inferior del abdomen hasta la altura del plexo sacro.
ÓRGANOS ASOCIADOS: parte del intestino y órganos genitales femeninos. Gónadas.
ELEMENTO: tierra/agua.
COLOR: naranja.
FUNCIONES: circulación, eliminación urinaria, sexualidad y reproducción.

Significa 'dulzura', es el chakra que permite y gobierna la identidad individual que se desarrolla mediante las emociones. Se activa y crece entre los primeros seis y veinticuatro meses de la vida del hombre y permite conocer el mundo a través de las percepciones que provienen de las sensaciones. El hombre percibe la realidad a través de los cinco sentidos: cada sensación que procede del mundo exterior da lugar a una emoción. Por lo tanto, este chakra es el puente que vehicula el mundo desde el exterior hacia el interior de las personas.

Los estímulos provenientes del mundo percibido generan en el niño emociones como el deseo y el placer, y desarrollar los instintos ligados a ellos, tales como la sexualidad y la procreación.

También, en este caso, el mal funcionamiento de los chakras puede tener repercusiones en la vida del hombre y comprometer su estabilidad emocional e identidad sexual.

La desidia afectiva, los abusos sexuales o la falta de contacto físico en el período de desarrollo de este segundo chakra pueden tener graves repercusiones en el desarrollo de la vida adulta. Como consecuencia de la escasez de la evolución de *Svadhisthana* puede darse inhibición sexual, pereza y sociopatía. Por el contrario, un exceso de energía crea picos emocionales incontrolables y discontinuos que hacen que, inevitablemente, el individuo se vuelva inestable. Cuando el segundo chakra no está en armonía se desarrolla una malsana dependencia de otras personas y una fuerte confusión emocional interpersonal.

Tercer chakra, *Manipura:* Yo puedo

POSICIÓN EN EL CUERPO: plexo solar.
ÓRGANOS ASOCIADOS: estómago, páncreas, hígado, vesícula biliar, bazo e intestino delgado, dientes y uñas.
ELEMENTO: fuego/agua.
COLOR: amarillo.
FUNCIÓN: sede del ego, voluntad, acción, poder personal, control, aceptación.

En sánscrito *Manipura* significa 'gema luminosa'. Este chakra representa la individualidad y la autonomía, que son las cualidades humanas más valiosas porque permiten que la persona se defina y se relacione con el mundo en libertad. *Manipura* se desarrolla entre los dieciocho meses y los cuatro años de edad, y simboliza el corte del cordón umbilical. Una vez activado, el tercer chakra permite al individuo transformar los eventos vividos en experiencia personal y, por lo tanto, puede utilizarse para hacer frente a acontecimientos similares que se produzcan en el futuro. La sobreabundancia de energía en *Manipura* crea en las personas una excesiva seguridad en sí mismas y actitudes despóticas. La verdadera causa de estos efectos es la debilidad de espíritu y el miedo al abandono que, a menudo, se esconden tras los comportamientos arrogantes y los estados de ánimo irascibles. El mal funcionamiento, en cambio, tiene efectos opuestos: al individuo, al perder identidad y autonomía, le cuesta relacionarse con la realidad circundante y a menudo se somete en comparación con los otros, debido a su naturaleza pasiva y temerosa. Inevitablemente, sentimientos como el resentimiento, la tristeza y la compasión crecen en el espíritu y pueden desembocar en actitudes masoquistas. El vehículo principal de la inhibición del tercer chakra es el sentido de la vergüenza que, a modo de freno inhibidor, impide el flujo regular de energía.

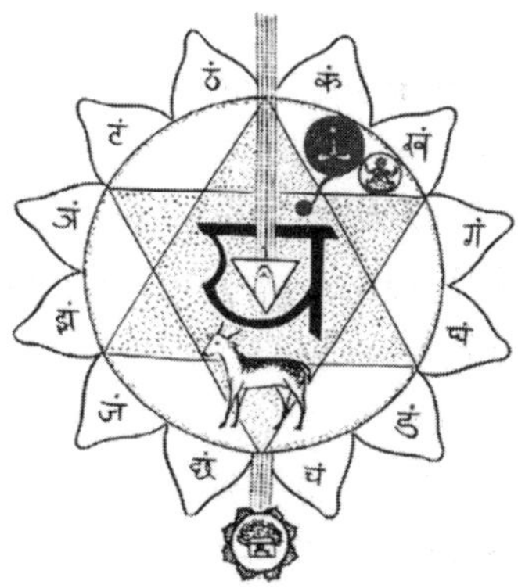

Cuarto chakra, *Anahata:* Yo amo

POSICIÓN EN EL CUERPO: plexo cardíaco.
ÓRGANOS ASOCIADOS: corazón, sistema circulatorio, pulmones, timo, brazos y manos.
ELEMENTO: agua/aire.
COLOR: verde.
FUNCIONES: capacidad de amar, transformación, curación de uno mismo y de los demás.

Anahata es el chakra situado en el centro de los flujos de energía y conecta los tres chakras superiores, que gobiernan la mente y alimentan el espíritu, a los tres inferiores, más relacionados con la materia del cuerpo y con los sentimientos que interactúan con ellos. Su función es la de regular el equilibrio entre el espíritu y el cuerpo y, por lo tanto, entre la parte masculina y la femenina. El cuarto chakra ayuda al individuo a desarrollar la propia identidad y, gracias al amor generado, a crear lazos sociales sólidos y duraderos.

Anahata puede sufrir si durante el período de la vida, delicado para el desarrollo, que va de los cuatro a los siete años, se producen carencias afectivas o falta de amor recibido. Las consecuencias que pueden verificarse en el hombre tienen un natural sentido de rechazo y desconfianza frente al sentimiento que se le ha negado durante la infancia, así como ciertas dificultades sociales para entregar a los demás su amor, siendo éste un sentimiento poco conocido.

Por el contrario, un exceso de la energía del chakra del amor lleva a la persona a entregarse demasiado a los demás con la esperanza de ser amada, y a menudo se olvida de sí misma, de sus propias prioridades y necesidades.

Quinto chakra, *Vishudda:* Yo comunico

POSICIÓN EN EL CUERPO: garganta, unión de los huesos de la clavícula, con su vértice en la tercera vértebra cervical.
ÓRGANOS ASOCIADOS: tráquea, garganta, cuerdas vocales, nariz, orejas, glándulas endocrinas, tiroides y paratiroides.
ELEMENTO: aire/éter.
COLOR: azul.
FUNCIONES: comunicación, expresión, creatividad.

Este quinto chakra gobierna las capacidades de expresión, es decir, el principal medio de comunicación del individuo. De importancia fundamental, *Vishudda* se manifiesta a través de la voz, que, además de ser el medio, refleja el estado energético: una voz baja, débil y vacilante es un síntoma de la falta de energía en el centro (se puede producir tartamudeo y defectos del habla en los casos más graves) y hace que resulte difícil explicar con claridad las emociones o los sentimientos. Por el contrario, el exceso de energía provoca una comunicación logorreica, en la que a menudo se da una demasía de palabras en relación a los contenidos y a los mensajes que se desean transmitir. El exceso de *Vishudda*, que suele coincidir con la sobreabundancia de *Manipur*, en realidad enmascara una conciencia de las propias debilidades: el individuo, a través del control de la conversación, quiere ocultar sus defectos y sus emociones a los demás. Las personas que tienen esta actitud están en agudo conflicto con su propio espíritu, con su propio ser, y desarrollan fuertes sentimientos de vergüenza y de culpa que les impiden comunicarse con sinceridad.

El correcto funcionamiento de *Vishudda* posibilita la comunicación con los demás y permite el intercambio armónico de contenidos. Las ideas se expresan a través de las palabras adecuadas, y no se dan redundancias innecesarias ni un exceso inútil de palabras. La comunicación encuentra una dimensión sincera y positiva.

Sexto chakra, *Ajna:* Yo veo

POSICIÓN EN EL CUERPO: en el entrecejo, en la parte delantera de la cabeza.
ÓRGANOS ASOCIADOS: ojos, glándula pituitaria o hipófisis, sistema hormonal, sistema nervioso central, cerebro y médula espinal.
ELEMENTO: fuego.
COLOR: añil y violeta.
FUNCIONES: visión, intuición, imaginación creativa, claridad.

El significado de *Ajna* es 'conocer, percibir'. El sexto chakra es a menudo llamado el «tercer ojo» y se activa cuando el individuo desarrolla una conciencia más madura de su propia identidad, es decir, durante la adolescencia. Gobierna el intelecto y todas las capacidades mentales, la memoria y la fuerza de voluntad. A través de la energía de este centro la imaginación adquiere forma y alimenta la creatividad y las facultades conectadas a ésta. Es la sede de la espiritualidad y de su desarrollo alimentado por el crecimiento del intelecto y por el poder del pensamiento. *Ajna* desarrolla el sentido de la intuición y, con ello, simplifica la elección de las acciones que deben llevarse a cabo fundamentándose en las percepciones. Un mal funcionamiento por ausencia de este chakra reduce la capacidad de aprender, empaña la intuición y limita la imaginación atrofiando la creatividad. Por el contrario, el exceso de energía en el sexto chakra puede tener graves repercusiones: la percepción de la realidad se distorsiona debido a la hipersensibilidad del intelecto y, en casos extremos, pueden producirse alucinaciones, incapacidad cognitiva y esquizofrenia.

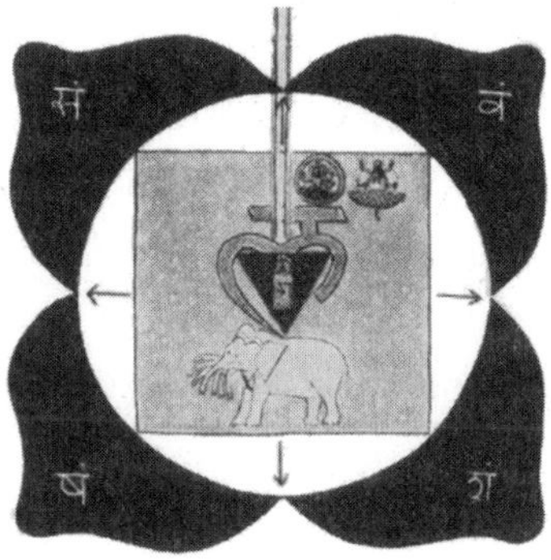

Séptimo chakra, *Sahasrara:* Yo sé

POSICIÓN EN EL CUERPO: centro de la parte superior de la cabeza, corteza cerebral.
ÓRGANOS ASOCIADOS: epífisis, cerebro, sistema nervioso central.
ELEMENTO: éter.
COLOR: violeta.
FUNCIONES: máxima conciencia, perfección; ampliar los límites de la mente.

Representada por los artistas como un halo alrededor de la cabeza, *Sahasrara* ('corona' en sánscrito) es el séptimo nivel del sistema energético y está conectado al «séptimo cielo». La vibración de la energía de los seres humanos, en su frecuencia más alta, reside en este chakra y representa la conciencia total del ser y la perfección alcanzable por el hombre.

El séptimo chakra no tiene una trayectoria de desarrollo definida, ya que siempre está cambiando, evolucionando junto con las experiencias que derivan del conocimiento, que a su vez lo estructuran creando y fortaleciendo las creencias, medio fundamental para la elevación espiritual. Guardián y apóstol de la sabiduría y del conocimiento, durante el amanecer de la edad adulta en los hombres estimula la necesidad de aumentar siempre, a través de la investigación, el propio conocimiento del mundo y de uno mismo, de la materia y del espíritu, para llegar a definir la propia visión del universo, consciente de sus propias percepciones y creencias.

Cuando *Sahasrara* sufre alguna limitación, este estímulo se inhibe y el hombre pierde todo impulso de búsqueda de algo nuevo para enraizarse en los conocimientos ya adquiridos. Como consecuencia de esto puede darse la deficiencia de la memoria y la dificultad del aprendizaje. Esta condición conduce al hombre a una reflexión continua y repetida sobre lo que ya conoce, anteponiendo la razón a la felicidad que proviene de la investigación.

Si el séptimo chakra tiene un excedente de energía, el hombre tiende a perder el contacto con la propia fisicidad y con la materia del mundo: el intelecto, por lo tanto, prevalece por completo sobre las emociones y conduce a dependencias espirituales que pueden provocar incluso un alejamiento completo de la realidad. Los síntomas de este exceso pueden crear diferentes trastornos psicóticos e insensibilidad emocional, como en los casos de excesos en todos los demás chakras superiores, que a su vez implican la falta de desarrollo de los chakras inferiores.

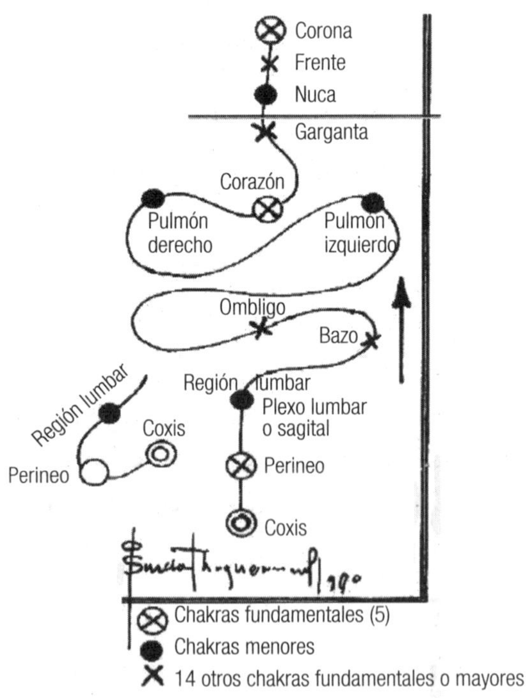

No menos importantes que los siete chakras principales, los otros veintiún chakras (llamados menores) regulan el flujo energético de todo el cuerpo y proporcionan una gran ayuda a sus homónimos mayores.

Están situados de la siguiente manera:

- Dos delante de las orejas, cerca del punto donde se unen los huesos de la mandíbula.
- Dos inmediatamente por encima de los senos.
- Uno en el punto donde se unen los huesos del tórax, cerca de la glándula tiroides.
  (Este centro y los dos precedentes forman un triángulo de fuerza).

- Dos en las manos; uno para cada palma.
- Dos en los pies; uno para cada planta.
- Dos inmediatamente detrás de los ojos.
- Dos conectados con los testículos.
- Uno cerca del hígado.
- Uno conectado con el estómago.
  (Este centro está relacionado con el plexo solar, aunque no se identifica con él).

- Dos conectados con el bazo.
  (En realidad, se superponen uno a otro, formando un solo centro).

- Dos detrás de las rodillas.
  (Un poderoso centro está estrechamente relacionado con el nervio vago. Su fuerza es tal que es considerado por algunas escuelas de esoterismo como uno de los centros principales. No está situado a lo largo de la columna vertebral, sino que se encuentra cerca del timo).

- Uno cerca del plexo solar y conectado con el centro de la base de la columna vertebral, formando así un triángulo, cuyos vértices

son el centro sacro, el plexo solar y el centro de la base de la columna vertebral.
(Estos dos triángulos de fuerza que se han mencionado son de gran importancia).

- Uno está por encima y el otro por debajo del diafragma.

SEFIROT Y CHAKRA: UNA COMPARACIÓN SINCRÉTICA

Un análisis detallado puede revelar paralelismos entre las *nadi* (canales astrales) y las columnas del Árbol de la Vida. En consecuencia, las mismas similitudes se reflejan entre chakra y *Sefirot*. La primera correspondencia evidente se encuentra entre el primer chakra, *Sahasrara* (el halo) y *Keter* (literalmente 'corona' en hebreo).

Otra analogía potente se encuentra entre el par de *nadi Jojmá-Binah*, guardianes de *Daat*, el conocimiento, y *Ajna*, chakra situado entre las cejas, representado como el tercer ojo de Shiva, a su vez definido como «ojo del conocimiento». En el plano iconográfico el dualismo de las *nadi* se puede asociar a los dos pétalos del loto que simbolizan *Ajna*.

Con la misma dinámica *Vishuddha* corresponde al par *Hessed-Guevurah*, que son opuestas en su vínculo de amor-rigor.

Igualmente evidente es el paralelismo entre *Tiferet*, *Sefirah* posicionada en el centro del corazón, y el chakra que proporciona la capacidad de amar: *Anahata*, también llamado, de hecho, chakra del corazón.

Descendiendo en un hipotético recorrido anatómico se revela también la correspondencia de la localización alrededor del ombligo, entre *Manipur* y *Hod-Netzaj*. Continuando hacia los órganos genitales coinciden *Iesod* y *Svadisthana*, ambos estimuladores del instinto de reproducción.

La última asociación es entre la *Sefirah Maljut* y el chakra *Muladhara*: la primera es el recipiente más cercano a la realidad material y la vida biológica; el segundo, del mismo modo, es el centro que confiere la energía y la voluntad, empujando el flujo de energía desde el coxis hasta la columna vertebral, para experimentar la realidad física.

Todo lo anterior se resume brevemente en la siguiente tabla:

SEFIRAH	**CHAKRA**	**GLÁNDULA LOCALIZACIÓN**
Keter	*Sahasrara*	La parte superior de la cabeza-epífisis
Jojmá-Binah	*Anja*	Frente-hipófisis
Hessed-Guevurah	*Vishudda*	Garganta-tiroides
Tiferet	*Anahata*	Región cardíaca-timo
Netzaj-Hod	*Manipura*	Plexo solar-páncreas
Iesod	*Svadhisthana*	Parte inferior del abdomen, genitales-testículos
Maljut	*Muladhara*	Perineo-suprarrenales

También es posible relacionar las tres columnas del Árbol de la Vida con las *nadi*. Las asociaciones son bastante directas:

–*Pingala*, masculina y activa, puede asimilarse a la columna de la gracia.

–*Ida*, femenina y pasiva, a la columna de la severidad.

–*Sushumna*, neutra, a la columna central.

Observamos que la actividad o la pasividad siempre es relacional: lo que es positivo en un plano es negativo en el otro. Así, *Jojmah-Binah* están en relación activa-pasiva, mientras que *Hessed-Guevurah* están en relación pasiva-activa. Este hecho puede ser reconectado con el hecho de que *Ida* y *Pingala* rodean a *Sushumna*. Por último, es interesante destacar cómo lo dicho anteriormente recuerda también a la estructura helicoidal del ADN, que es desde el punto de vista científico la base de la vida.

En el simbolismo, por tanto, *Sushumna* representa la luz; *Ida*, el honor; *Pingala*, el corazón.

La enseñanza cabalística es una vía iniciática tradicional completa, que se despliega a través de las *Sefirot*, que no son más que modificaciones de *Keter-Uno*, como para los Vedanta el universo no es más que una modificación de *Isvara*.

De acuerdo con la tradición Vedanta, el microcosmos está estructurado en tres cuerpos (basto, sutil y causal) que luego se asientan en el cuarto no manifiesto. Encontramos un concepto análogo en la visión cabalística del alma. También los cabalistas, de hecho, hablan de una triple subdivisión de la naturaleza humana que conduce posteriormente a una cuarta «no-manifiesta». A saber, se refiere a la tríada *Nefesh-Ruaj-Neshamah*.

V
LAS CORRESPONDENCIAS ESPIRITUALES DEL SISTEMA ENDOCRINO

Anatomiae Occultii

EL SISTEMA ENDOCRINO Y LAS SIETE ROSAS EN LA CRUZ DEL CUERPO

A nivel científico, el sistema endocrino está formado por el conjunto de todas las glándulas de secreción interna presentes en el organismo humano. Las sustancias producidas por las estructuras endocrinas se llaman hormonas. Desarrollan funciones relacionadas con el mantenimiento, a pesar de las variaciones del ambiente externo, del equilibrio de las funciones del organismo y de las características físico-químicas de su ambiente interno. La función del sistema endocrino, cuyo funcionamiento y equilibrio garantiza la interdependencia funcional de las diversas glándulas, es asegurar al organismo humano el suministro de todas las hormonas, y en las cantidades adecuadas, que necesita para llevar a cabo los procesos fisiológicos.

En la *anatomía oculta* se da mucha importancia al estudio del sistema endocrino,[11] considerado como un medio importante para el desarrollo del potencial latente del ego. En términos esotéricos, las glándulas que componen este sistema se llaman «las siete rosas en la cruz del cuerpo». Concretando: estas glándulas son las dos suprarrenales, el bazo, el timo, la tiroides, la pituitaria y la pineal.

A un nivel simbólico, lo primero a tener en cuenta es la correlación entre el número 7 y el sistema endocrino. En muchas culturas el número 7 juega un papel importante y se considera un símbolo sagrado, místico y mágico, símbolo del orden cósmico y espiritual y de plenitud del ciclo natural. Hipócrates dijo:

> El número 7, por sus virtudes ocultas, tiende a realizar todas las cosas, es dispensador de vida y fuente de todos los cambios, como los de la luna, que cambia de fase cada siete días. Este número influye en todos los números sublimes.

Las notas-tonos del Verbo Creador, el *Fiat*, son siete, como los planetas que las representan y las custodian. Esta estructura también está presente en el sistema endocrino humano, en el que, como describe la *anatomía oculta*, cada glándula contiene en sí misma, en forma latente, la imagen y la fuerza de una nota-clave que a su vez posee diversos potenciales divinos. La tarea del ego es percibir el sonido que proviene de los planetas y utilizarlo como un estímulo para despertar poco a poco la glándula endocrina asociada a él. Al despertar cada nota-clave, el ego adquiere fuerzas y aprende los significados del planeta de referencia y de su espíritu.

Sin embargo, la capacidad de controlar estas fuerzas no es innata, y el ego tiene que aprender a manejarlas de una manera positiva o negativa.

Los procesos de purificación profunda, que ayudan a la estimulación de las notas-clave, pueden ser favorecidos por el canto armónico, que produce energía para la recarga de la corteza cerebral y activa las partes del cerebro necesarias para prevenir estados de ánimo altamente perjudiciales como la ansiedad y el estrés.

Los tibetanos desarrollan sus visiones interiores a través de la armonización de las vocales, estimulando la glándula pineal. Cada vocal puede tener diferentes tipos de frecuencia armónica, más o menos aguda. En el pasado, este sistema también se utilizaba como oración para la elevación espiritual.

Los mantras son imágenes, significados o símbolos, que toman forma mediante el sonido de la vibración y pueden influir en los patrones estructurales del pensamiento y en las regulaciones químicas del cerebro. El propósito de la repetición continua y rítmica del mantra es aumentar el control de los dos hemisferios cerebrales, alimentando y fortaleciendo el derecho, sede de la intuición y de la creatividad, y estabilizando el izquierdo, racional y orientado a la lógica. En este proceso, la sinergia creada por los dos hemisferios sirve como combustible para la conciencia y le permite interactuar mejor con el mundo circundante.

LAS GLÁNDULAS ENDOCRINAS Y SUS CORRESPONDENCIAS

EGO - Pineal (Neptuno), hipófisis (Urano).
ANILLO DE CONEXIÓN - Tiroides (Mercurio).
PERSONALIDAD - Timo (Venus), Bazo (Sol), Suprarrenales (Júpiter).

El ego es el conocimiento mental que tenemos de nosotros mismos. Se basa en nuestras experiencias, sustancialmente en el pasado. Es la suma de todo lo que nos han enseñado a ser y lo que actuamos para interrelacionarnos con el mundo exterior. Está formado por lo que hemos aprendido por imitación de las personas que nos rodean o que hemos asumido como modelos.

LA GLÁNDULA PINEAL Y EL MUNDO DEL ESPÍRITU DIVINO

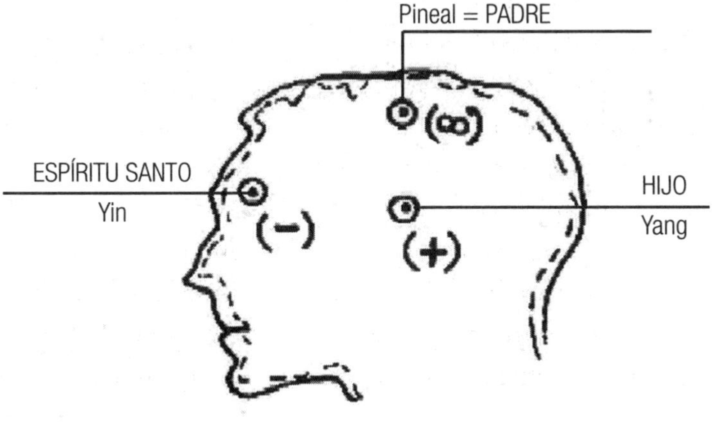

Descubierta por Herófilo y por Erasístrato hace más de 2.300 años, la glándula pineal es considerada una de las grandes revelaciones de la Escuela de Medicina de Alejandría, Egipto. Gracias al estudio de los cadáveres, Herófilo refutó la tesis anterior que identificaba el cerebro como la sede de la conciencia, y concedió tal ventaja a la glándula pineal, que definió el cerebro como un complejo instrumento de control. Lamentablemente, la prolífica producción de ensayos sobre anatomía llevada a cabo por Herófilo se perdió con la destrucción de la biblioteca de Alejandría.

La iconografía antigua parece apoyar a su vez esta tesis: muchas divinidades, en diferentes culturas, se representan con la piña de pino que simboliza la glándula pineal. Por ejemplo, está representada en el cetro de Osiris, el dios egipcio de la muerte y del más allá. Por otra parte, también en las imágenes griegas del dios Baco, y en las de su equivalente romano Dioniso, a menudo está incrustada en los bastones divinos. Después de Herófilo, el primero en incluir la glándula pineal en el grupo de los ganglios linfáticos fue el médico griego Galeno, pero habrá que esperar hasta finales del siglo XVII y a los estudios de René Descartes para obtener la correcta colocación biológica.

Según Descartes, en su famoso *Discurso del método*, la realidad se divide en dos dimensiones: la *res extensa* o realidad física prolongada, limitada e inconsciente; y la *res cogitans* o realidad psíquica, libre y consciente. Debido a su naturaleza irreconciliable, las dos realidades crean una dualidad sin solución aparente. Descartes llega a la conclusión de que el punto de encuentro entre lo que es inmortal y lo que es material puede ser localizado solamente en la epífisis (glándula pineal), el único organismo que no se puede dividir en dos hemisferios. Es importante recordar que el filósofo francés no identifica esta glándula como hábitat del alma, sino sólo como un punto de encuentro entre la realidad física y la realidad psíquica:

> Aunque el alma se une a todo el cuerpo, es una parte del cuerpo (la pineal) en la que ésta ejerce su función más que en otros lugares. [...] La pineal queda así suspendida entre los pasajes que contienen el espíritu

animal (guía y razón, aportando sensación y movimiento) hacia el alma. [...] El cuerpo máquina está constituido de manera que cada vez que la glándula se estimula de una forma u otra, desde el alma o por cualquier otra causa, empuja el espíritu hacia el cerebro animal.

A partir de este supuesto los médicos de la época asociaron las calcificaciones de la glándula pineal a graves trastornos psiquiátricos e incluso a la locura, por lo que se adelantaron tres siglos a la ciencia actual.

Para los esoteristas, la glándula pineal produce lo que todavía se conoce como DMT, una sustancia capaz de llevar al individuo a emprender viajes extradimensionales y extratemporales. Sucede de noche, durante los sueños, cuando la glándula pineal es más activa. En cada ser humano la glándula pineal, o tercer ojo, puede ser activada a frecuencias del mundo espiritual y permite tener la sensación del conocimiento del todo, de la euforia divina y de la unidad. La glándula pineal, una vez sintonizadas sus frecuencias propias con la ayuda de la meditación, el yoga, o por medio de diversos métodos esotéricos ocultos, permite a una persona viajar a otras dimensiones: desplazamiento conocido popularmente como «viaje astral» o «proyección astral» o «visualización remota». Con la práctica avanzada y los métodos antiguos también es posible controlar los pensamientos y las acciones de las personas en el mundo físico. La glándula pineal está gobernada por Neptuno.

LA HIPÓFISIS (O PITUITARIA) Y EL MUNDO DEL ESPÍRITU VITAL

La pituitaria es la glándula endocrina más importante del organismo humano: las hormonas secretadas por ella, de hecho, estimulan la actividad de otras glándulas de secreción interna indispensables para la ejecución de las múltiples actividades del cuerpo. El producto de la secreción de estas últimas ejerce, a su vez, una acción inhibidora sobre la producción de hormonas de la hipófisis, dando vida a un equilibrio virtuoso. El cuerpo pituitario está bajo la regencia de Urano y la nota-clave de este gran espíritu planetario se expresa en el plano físico como originalidad, ingenio, independencia, universalidad, amor a la libertad, perspicacia, clarividencia, reforma, progreso, inventiva, decisión, misticismo y altruismo.

Si tales expresiones se usan mal, se manifiestan como excentricidad, vida infeliz, fanatismo, obscenidad, irresponsabilidad, inconstancia, desenfreno, perversión, impaciencia y anarquía. Cuando la nota-clave celeste de Urano (octava superior a la de Venus) despierta la correspondiente nota-clave del cuerpo pituitario de apertura del cuerpo, abre sus pétalos la «sexta rosa» en la cruz del vehículo vital. Exalta la conciencia del individuo. Es la región del altruismo. En este reino elevado, se encuentra el recuerdo de todo lo que ha sido desde el principio de la creación: un gran archivo de sabiduría de fácil acceso para quienes trabajan en esta glándula y consiguen despertar sus propiedades.

La glándula pituitaria es la primera sede (el corazón es la segunda) del Espíritu Vital en el hombre físico. Estas sedes constituyen el medio por el cual el hombre trabaja para el desarrollo del potencial latente del propio Espíritu Vital, que es el polo femenino de su ser: la imaginativa, nutritiva y protectora energía madre del Espíritu. El cuerpo pituitario está íntimamente ligado al principal sendero místico que conduce a la Iniciación. A partir de esto, resulta evidente que el despertar del cuerpo pituitario es uno de los procesos más importantes que deben cumplirse para el desarrollo de los poderes femeninos de amor-sabiduría, y para el crecimiento del espíritu.

LA GLÁNDULA TIROIDES Y EL MUNDO DEL PENSAMIENTO

La tiroides, también conocida como «glándula tiroidea», está localizada en el límite entre la laringe y la tráquea, en la base de la parte anterior del cuello. Bajo el control constante de la pituitaria, la función de la tiroides es la de producir y secretar las hormonas tiroideas, necesarias para el crecimiento y el desarrollo del organismo.

De acuerdo con la *anatomía oculta*, la glándula tiroides está gobernada por el espíritu del planeta Mercurio. Los poderes de este planeta, cuando se desarrollan en el hombre, se manifiestan principalmente como:

> ... razón, intelecto, previsión, buena memoria, investigación, juicio rápido, elocuencia, destreza, facilidad de expresión oral y escrita, adquisición de conocimientos a través de la razón y capacidad de aprender por sí mismo. El mal uso de estos poderes se expresa, sin embargo, especialmente como presunción, astucia, falta de atención, falta de principios, impertinencia, blasfemia, falta de honradez, pasión por el juego, indecisión y nerviosismo.[13]

El sonido del planeta Mercurio, su nota-clave, estimula en el hombre la búsqueda de respuestas a las preguntas fundamentales acerca de su origen, su destino, la esencia divina y sus secretos ocultos.

La glándula de referencia de este cuerpo celeste es la tiroides, «quinta rosa» de la cruz del cuerpo. El despertar gradual de su nota-clave hace que el individuo tome conciencia del mundo de los arquetipos y, gracias a ellos, sea capaz de analizar y percibir la realidad. Gracias al pensamiento, el hombre puede distinguir el bien del mal y dominar su mente para que sus acciones, ahora bajo el control del espíritu, puedan satisfacer los preceptos de la voluntad divina.

LA GLÁNDULA DEL TIMO Y EL MUNDO DEL DESEO

El timo es una glándula situada en el tórax, delante de la tráquea, cuya función principal es garantizar la maduración de los linfocitos T: un tipo de glóbulos blancos que desempeñan un papel crucial en el sistema inmunológico.

De acuerdo con la *anatomía oculta*, es Venus quien preside esta glándula. El esoterista Max Heindel, en sus *Principios ocultos de salud y curación*, establece lo siguiente:

> Las emociones se desarrollan a través del rayo amoroso de esta potencia. La sede de las emociones es el cuerpo del deseo, que une al individuo con el mundo del deseo. Cuando la nota-clave pone en actividad la nota correspondiente en el timo, el individuo desarrolla el amor en su máxima expresión, la inspiración artística, la belleza, la armonía, la alegría, la atracción, la estima. El uso inapropiado de estos poderes se expresa como sensualidad, relajación, vulgaridad, pereza, sentimentalismo, vanidad e inconstancia.[12]

El cuerpo celeste al que pertenece el Timo, «cuarta rosa» de la cruz del cuerpo, es Venus. Acercarse al espíritu de este planeta, gracias a la reactivación de la relativa nota-clave, infunde en el hombre sentimientos de felicidad y alegría. Su energía y su influencia positiva llevan a olvidar el pasado y a disfrutar sólo del presente, haciendo que el individuo se sienta siempre joven y alegre.

La estimulación del Timo abre las puertas del mundo del deseo, de la belleza, de la armonía de las formas y de las músicas celestiales, donde la luz del alma, cuando llega a su octava superior, revela la gracia del amor, del altruismo y de las actividades filantrópicas.

El hombre aprende que la verdad existe por encima de toda acción, de todo pensamiento, y que el bien es la única solución para la supervivencia, mientras que el mal es una fuerza que sólo puede conducir a la destrucción de quienes la practican.

EL BAZO Y LA REGIÓN ETÉRICA DEL MUNDO FÍSICO

De forma ovoide, el bazo se encuentra en el lado izquierdo del abdomen, debajo del diafragma, cerca del estómago y del páncreas. Su tarea es producir glóbulos blancos, limpiar la sangre de los glóbulos rojos viejos y controlar la presencia de agentes patógenos y partículas extrañas.

Para la *anatomía oculta* el cuerpo celeste relativo al bazo es el Sol, del cual proviene la energía vital para todos los seres vivos, que se expresa en los hombres con connotaciones fuertemente positivas, como la fuerza de voluntad, la generosidad, la lealtad, el instinto paternal, la individualidad y el sentido de la responsabilidad. Representa la «tercera rosa» de la cruz del cuerpo, y se abre cuando la nota-clave del bazo vibra gracias al sonido de la del Sol, que abarca en sí todos los demás tonos planetarios y, por lo tanto, tiene un poder muy fuerte.

El despertar progresivo de esta nota-clave permite al hombre entrar en contacto con su cuerpo etéreo, con el mundo al que pertenece y con todas las energías vitales que lo atraviesan. El ser humano toma conciencia de las fuerzas que atraviesan y llenan la materia de los minerales, las plantas y los animales. Incluye los procedimientos mediante los cuales los cuerpos y los elementos, de manera autónoma e innata, se alimentan de ellos y excretan los residuos y hace que estas dinámicas perfectas no dependan de su voluntad, sino que sean una expresión del mecanismo divino y de la sabiduría eterna. Además, con la exploración del mundo etérico, se comunica con el ego de las personas que todavía están cerca del estado de la muerte. La influencia del Sol permite entender la causa de la importancia de actuar de buena o mala fe, no sólo sus consecuencias, y argumenta y justifica su existencia.

En conclusión, parece que la incidencia y las revelaciones del Sol, a las cuales permite atravesar las regiones etéreas dando conciencia de sus habitantes y del funcionamiento de las relaciones que existen entre ellos, confieren a los hombres grandes poderes. Una vez dominados, éstos pueden ser utilizados para buenos propósitos, como prevé su naturaleza, o para malos fines, y transformar al individuo en un ser mezquino y arrogante que, con el tiempo, se convertirá él mismo en una víctima del sufrimiento infligido a los demás.

LAS GLÁNDULAS SUPRARRENALES Y LA REGIÓN QUÍMICA DEL MUNDO FÍSICO

Las glándulas suprarrenales están situadas en el extremo superior de cada riñón. Su función es la de secretar hormonas (aldosterona, cortisona, cortisol) indispensables para la realización de diferentes funciones fisiológicas.

En la *anatomía oculta*, las glándulas suprarrenales están regidas por Júpiter. La energía expresada por este planeta se manifiesta principalmente como bondad, mente abierta, expansión, optimismo, honor, filantropía, bondad, generosidad, alegría, capacidad de comprender la obra de la ley cósmica, habilidad creativa y expresiva, además de religiosidad. Heindel afirma:

> Cuando nos ponemos en contacto con la nota-clave de Júpiter, nos sentimos serenos, con visión de futuro, felices y expansivos. Parece que esta fuerza impregna al individuo, infundiéndole seguridad, deseo y capacidad para ayudar a corregir muchos vicios deletéreos que afligen a la humanidad adormecida, transformándolos en expresiones de fuerza y de belleza. Con ojos claros y agudos, mira satisfecho los objetivos a alcanzar y el gran poder espiritual que puede ser desarrollado; su conciencia se expande, abrazando a cada semejante, amigo o enemigo, tratando de comprender el verdadero sentido de la vida. Es impulsado por el intenso deseo de expresar estos sentimientos al servicio de los desafortunados, demostrándoles cómo el altruismo puede transmutar el deseo vulgar en el más alto ideal, y que la verdadera meta de la vida es el desarrollo de las potencialidades latentes en divinos poderes dinámicos.[14]

Comparándolo con la humanidad actual, el trabajo de Júpiter se relaciona con el plano físico. Sirviéndose del poder espiritual generado por las glándulas suprarrenales, el ego posee la fuerza necesaria para perfeccionar el propio cuerpo denso y conquistar el mundo físico, completando así su evolución en esta esfera terrestre.

VI
LA MEDICINA CHINA Y LOS MERIDIANOS ENERGÉTICOS

El clínico debe cultivar
el camino del cielo y de la tierra,
comprender las dinámicas
del espíritu humano
y confrontarlas con las
profundidades de
la naturaleza.
Así podrá aferrar el Tao.

Su Wen

Anatomiae Occultii

LOS ORÍGENES DE LA MEDICINA CHINA

La característica fundamental de la cultura china es el hilo conductor que une las diferentes ramas de las materias del conocimiento como la religión, la filosofía y la ciencia. Con el tiempo los diferentes principios místico-religiosos y filosóficos se han mantenido presentes, de un modo casi imperceptible pero evidentemente influyente, en el desarrollo de las prácticas científicas. Un ejemplo ilustrativo puede ser el de los principios de la medicina que todavía hoy se basan e inspiran en conceptos fácilmente identificables con las doctrinas de la magia del pasado. El análisis de los enfoques teóricos de la medicina china, con el fin de ser completa y válida, presupone el conocimiento, incluso nocional, de los principios religiosos y filosóficos.

La tradición terapéutica china está plenamente integrada en el complejo pensamiento de esta cultura, pero podemos identificar con certeza los fundamentos del pensamiento filosófico taoísta. Lao-Tzú (530 a. C.) fue el fundador de esta doctrina, probablemente un contemporáneo de Confucio. Sin embargo, las fuentes referidas son diferentes y a veces no coherentes: algunos estudiosos lo datan incluso un siglo antes de Confucio y lo identifican con el nombre de Lao-Tan o Li-Tan.

El *Tao Te King* (o *Libro del Tao*),[15] su principal obra, es un texto muy breve, que ha llegado a nuestros días con varias modificaciones y contaminaciones. Esto hace que el pensamiento taoísta sea difícil de descifrar, ya que, debido a la escasez de fuentes, es una estructura ardua y compleja.

El tema principal del discurso de Lao-Tzú es el *Tao*, que representa el Todo, las leyes cósmicas universales, la verdad eterna y el equilibrio del conocimiento. Según los taoístas, la tarea del hombre es alejarse y olvidarse de su voluntad y sus propios principios para perseguir la forma perfecta del *Tao* y cumplir con sus leyes. Al tener una estructura metafísica y filosófica compleja, el taoísmo ha cosechado poco éxito entre los segmentos de menor nivel cultural de la población.

El principio del *Tao* ha tenido una larga difusión en el tiempo, modificándose y a veces desnaturalizándose debido a las diversas interpretaciones e influencias de otras religiones.

Lao-Tzú sugiere la forma del *Tao* como una unión de dos categorías cósmicas opuestas pero vinculadas y recíprocamente dependientes de su propio dualismo (activo-pasivo, bueno-malo). Leamos algunos pasajes del *Tao Te King*:

> Estos opuestos no son ni fuerzas ni entidades materiales ni tan sólo conceptos míticos que transcienden la razón, son categorías que describen el funcionamiento de todas las cosas en relación unas con otras y en relación con el universo.

La doctrina médica china parece haberse originado en la elaboración del herbario medicinal *Pen Ts'ao King*, del emperador Shen Nung, iniciador de la acupuntura, que vivió en 2800 a. C., redactado gracias a la experimentación personal con venenos y antídotos y que contiene 365 tratamientos, 340 de los cuales son de origen vegetal. Otras fuentes datan este herbario en el siglo I d. C. Sin embargo, con el tiempo, la figura del emperador llegó a ser una leyenda, y se convirtió en la divinidad protectora de la medicina. Al de Shen Nung se une otro perfil mítico y aún menos fiable: Pien Ch'iao, que tal vez vivió en el año 225 a. C., quien afirmó que tenía el poder de ver a través del cuerpo humano.

El verdadero libro de referencia de la medicina china fue escrito por Huang-It, llamado el Emperador Amarillo. Un análisis de los diferentes estilos de escritura evidencia que este trabajo, el *Nei Ching*, abarca partes de diferentes dataciones probables: la principal se puede asociar al 300 a. C., último período de la dinastía Chou. Se divide en dos libros: el primero contiene diálogos sobre cuestiones médicas entre el emperador y sus tres ministros; el segundo trata de la acupuntura y sus aplicaciones.

El universo teórico de la cultura de la medicina china se basa en el paradigma del *Yin* y *Yang*, que, como se ha mencionado, representa el equilibrio que proviene del continuo movimiento de las relaciones entre grupos opuestos. A partir de este principio nacen los cinco elementos básicos que componen todos los objetos inanimados y los seres vivos que habitan el mundo: metal, madera, agua, fuego y tierra. Al *Yang* se atribuyen principalmente las connotaciones de la fuerza masculina activa, es decir, el sol, el calor, la sequedad, la vida y la inteligencia, mientras que al *Yin* se da comúnmente una acepción femenina inactiva (que no debe confundirse con pasiva) y se asocia a la luna, la noche, la oscuridad, el frío, el descanso. Pero no hay que olvidar que, en el taoísmo, el *Yin* y el *Yang* son dos categorías específicamente no definidas, no representan las sustancias, sino que son un instrumento de análisis y de concepción del universo.

La falta de *Yin* genera la presencia de *Yang* y viceversa, en un dualismo eterno que tiene los mismos principios que el magnetismo: las cargas iguales se repelen entre sí, las distintas se atraen. Uno no sobrevive, porque no se puede definir, sin el otro.

LAS CINCO SUSTANCIAS VITALES

Según la medicina tradicional china,[16] la vida del ser humano se genera por la combinación y la relación entre las cinco formas que el elemento constitutivo del universo, el *QI*, pueden tomar. Estas fuerzas están siempre en movimiento y pueden interactuar libremente entre ellas en diversas medidas de agregación y poseer distintos estados de la materia. Las cinco sustancias son:

1. *Qi*
2. *Xue*
3. *Jing*
4. *Jin/Ye*
5. *Shen*

Qi

Es la energía cósmica original, de la cual todo se genera a través de sus manifestaciones. También ésta, siguiendo el principio de *Tao*, se divide en dos partes: aquella principalmente *Yin*, es decir, material y con peso específico, que toma la forma llamada «*Jing*» (materia y sustancia primordial que todo puede llegar a ser) y el de la prevalencia *Yang*, es decir, espiritual y etérea, que toma la forma de «*Shen*», el espíritu y la conciencia. Del *Qi* se crean sustancias vivas con la manipulación de *Jing* y *Shen*, espíritu y materia, que se mezclan homogéneamente.

En el simbolismo, el *Qi* representa al Hombre, *Jing* la Tierra y *Shen* el Cielo. La cultura china concibe la naturaleza del hombre como resultado de la relación armoniosa entre la tierra y el cielo, por eso durante la vida su objetivo es tender de nuevo hacia esa armonía original.

El *Qi*, que es el eterno fluir de la energía, también rige las principales eficiencias fisiológicas y biológicas del cuerpo humano, mejorando así el funcionamiento de los diferentes órganos internos y las relaciones entre los diferentes niveles del cuerpo, que se pueden resumir de la siguiente manera: arriba-abajo, externo-interno, superficie-profundidad, frontal-posterior. Controla la circulación y la producción de sangre y de todos los fluidos corporales, gobierna el sistema inmunológico y regula la temperatura corporal.

Por último, tiene la importante función de gestionar el sistema metabólico, es decir, de la producción de sustancias nutrientes y de la expulsión de los residuos.

En su acepción fisiológica el *Qi* se expresa en cuatro movimientos: subir, bajar, entrar y salir.

El vehículo que permite que el *Qi* circule por el cuerpo son los meridianos.

Xue

El *Xue* es la sangre, compuesta de *Ying Qi*, es decir, materia y líquido orgánico. Como todos los fluidos corporales se genera a través de la hematopoyesis en el bazo, tiene su origen en el estómago y participa en la actividad metabólica del cuerpo. De hecho, el mal funcionamiento del bazo a menudo implica enfermedades de la sangre.

Otro cuerpo que actúa como generador de la sangre es el pulmón. Dado que la actividad de los riñones está estrechamente ligada a la del hígado, de la misma manera está ligada al *Jing*, en el que reside. El *Xue* es una forma de *Qi* con peso específico elevado y tiene un alto grado de materialidad.

Jin y *Ye*

Jin y *Ye* reúnen todos los fluidos corporales y las secreciones producidas por el cuerpo humano. Se produce cuando el bazo, el estómago y el intestino grueso trabajan los principios nutritivos de los alimentos y de las bebidas introducidas en el cuerpo a través de un sistema complejo. Una vez introducidos en el cuerpo, los líquidos llegan al estómago, donde se da una primera filtración que los separa en puros e impuros. Los puros se envían al bazo, donde el *Qi* los empuja hacia arriba y hacia los pulmones que, a su vez, lo difunden por la piel y los riñones; los impuros atraviesan el estómago y llegan al intestino delgado, donde ocurre una segunda filtración y separación en dos partes. La parte pura se desvía hacia la vejiga, mientras que la impura se destina al intestino grueso que absorbe una cuota de agua y usa la otra para lubricar las heces y expulsarlas. En la vejiga se lleva a cabo la última separación de líquidos: los puros se dirigen a los tejidos de la piel y los músculos y, cuando hay exceso, son expulsados en forma de sudor; los impuros se transforman en orina.

Shen

El *Shen* nace de la unión del *Jing* materno y del *Jing* paterno. Para entenderlo mejor, se puede decir que, si el *Jing* es la materia de la vida y el *Qi* la esencia que la anima, el *Shen* es el poder vital que se deriva de éstos hacia el cuerpo humano. Toda energía y todo impulso de vida proviene del *Qi*, las acciones fisiológicas y orgánicas derivan del *Jing* y la conciencia humana de uno mismo y del propio cuerpo se atribuye al *Shen*, que no es sino el conocimiento de la propia existencia. El *Shen* es la forma de *Qi* que permite al hombre relacionarse con el universo espiritual y el material, dándole capacidad tanto de influenciarlo como de asimilarlo.

Debido a esta naturaleza dual debe ser alimentado, de la misma manera, por una correcta alimentación y por un especial cuidado del espíritu y de la mente.

La medicina tradicional china se basa en estas teorías filosófico-religiosas. El tórax y el abdomen hospedan a cinco órganos de naturaleza *Ying*, que son el corazón, los pulmones, el bazo, el hígado y los riñones, y cinco vísceras de naturaleza *Yang*: el estómago, el duodeno, el intestino delgado, la vesícula biliar y la vejiga urinaria. Las vísceras tienen la función de absorber la energía que proviene del mundo exterior, tanto si procede en forma de alimentos como de elementos naturales; los órganos, a su vez, deben custodiar esta energía, purificarla y transformarla en alimento para el cuerpo. Respetando el principio universal del *Tao*, las vísceras y los órganos están vinculados entre sí de dos en dos que se autocontrolan y se definen en un único equilibrio en constante movimiento.

CORAZÓN

El corazón es el órgano que permite la circulación de la sangre y es la sede donde la energía *Qi* procedente de los alimentos se transforma en sangre. Gracias al *Shen*, permite al hombre relacionarse de manera duradera con sus semejantes.

Si el corazón tiene un bajo nivel de sangre, la circulación se ralentiza y se experimentan síntomas tales como manos frías, trastornos mentales, depresión, ansiedad e insomnio. Tales trastornos, como consecuencia, provocan el debilitamiento del *Shen*, del corazón y de las relaciones interpersonales, y causan palpitaciones, taquicardia, palidez y debilitamiento de los latidos del corazón. Cuando, en cambio, el corazón tiene un alto nivel de sangre y de *Shen*, pueden aparecer trastornos de la psique.

HÍGADO

Este órgano tiene la importante función de regular el volumen de sangre en el cuerpo, dependiendo del estado físico, disminuyéndola cuando el cuerpo está en reposo, y aumentándola cuando está activo. Incide en las diversas formas de energía y en las defensas contra los agentes patógenos externos, ya que el mal funcionamiento de la circulación debilita el cuerpo y lo expone más a las enfermedades. También regula el ciclo menstrual haciéndolo más o menos doloroso en relación al estado del *Qi*. Cuando el nivel de sangre en el hígado es bajo, pueden darse síntomas como calambres, contracción de los tendones y visión borrosa.

PULMONES

Los pulmones ayudan a la propagación de la *Wei Qi* (energía defensiva) y de los líquidos en la capa anatómica entre la piel y los músculos. El estado de la *Wei Qi* depende del *Qi* de los pulmones: si éste es débil también los serán las defensas del sistema inmunitario. Estos órganos humedecen la piel mediante el ajuste de la apertura o cierre de los poros: cuando el nivel de sangre es bajo los poros se cierran y pueden provocar la formación de edemas (acumulación de fluidos); en caso de que sea alto, los poros se dilatan y permiten la transpiración, y por lo tanto la expulsión de los líquidos no útiles.

El movimiento natural del *Qi* de los pulmones es de arriba abajo para dirigir el líquido a la vejiga y a los riñones, y si esto no sucede se pueden verificar la presencia de tos, sibilancias, opresión en el pecho, hinchazón abdominal y, en las mujeres, síndrome premenstrual (SPM), depresión, irritabilidad e hinchazón de las glándulas mamarias.

BAZO

El cometido del bazo es de importancia fundamental: absorbe el *Qi* de los alimentos y de las bebidas, y lo transporta a las diferentes partes del cuerpo para que tengan la energía necesaria con el fin de llevar a cabo sus funciones. Por ejemplo, permite a los pulmones combinarlo con el aire para generar la fuerza motriz (*Zong Qi*), al corazón generar la sangre, al hígado regular los estados de vacío y de llenado, etc. Cuando sus funciones son inhibidas, se pueden crear en su interior humedades y mucosas. Además, si el *Qi* permite el control, gracias a los músculos, las extremidades, su funcionamiento parcial o incorrecto puede causar atrofia muscular.

En este órgano tiene sede *Yi*, que es el pensamiento que tiene la capacidad de memorizar, estudiar y permite la concentración.

RIÑONES

También se les llama *Raíz del Qi del Cielo Anterior*, ya que contienen dentro de su parte del *Jing* la energía de la materia y la materia misma, que los padres, en el encuentro de sus cuerpos, utilizan durante la concepción. Garantizan la existencia y el adecuado equilibrio entre el *Yin* y el *Yang* de los demás órganos del cuerpo: el *Yin* de los riñones influye principalmente en el *Yin* de hígado, corazón y pulmones, el *Yang* alimenta las energías espirituales de bazo, pulmones y corazón. La falta de *Jing* en los riñones puede causar infertilidad, impotencia, retraso en el desarrollo y demencia senil. La esencia material de su parte *Yin* es necesaria para la reproducción, el nacimiento y el crecimiento. Su parte *Yang* es la energía espiritual que permite la realización de estos procesos.

Los riñones, debido a su importancia, desempeñan varias funciones, tales como la producción de médula ósea y de médula espinal, y son matrices de la creación y el desarrollo del cerebro, definido en la tradición china junto a la médula espinal «Mar de la Médula Ósea». Las enfermedades de estos órganos, como los huesos débiles y los problemas cervicales, son causadas por su mal funcionamiento.

Además, controlan la circulación de los líquidos en la parte inferior del cuerpo. La ausencia parcial de *Yang* comporta la afluencia excesiva y por tanto orina pálida y abundante; por el contrario, la ausencia parcial de *Yin* tiene como efecto una limitada circulación de agua y una orina escasa y de color oscuro.

A través de los riñones, la vejiga obtiene el *Qi* necesario para separar los líquidos y el bazo, gracias a su *Yang*, obtiene la energía necesaria para extender los líquidos por el cuerpo.

La circulación de la energía que conecta y determina el adecuado desempeño de las funciones de los órganos y las vísceras se lleva a cabo a través de doce canales llamados *King* o meridianos, que se presentan desordenados y sin ningún tipo de superposición con el sistema nervioso ni con el sistema de vasos sanguíneos.

VÍSCERAS

Las vísceras tienen el cometido de almacenar y permitir el tránsito del líquido y de las energías a ellas conectadas. Su cuerpo vacío permite llevar a cabo estas funciones. Como ya hemos dicho, están vinculadas por parejas, siempre de acuerdo con el principio del *Tao*, a los órganos, con los que definen una relación simbiótica.

Exponemos aquí varios enlaces entre órganos y vísceras:

- El hígado está conectado a la vesícula biliar, que almacena la bilis y determina en las personas el carácter equilibrado, la capacidad de toma de decisiones y la confianza en uno mismo.
- El corazón está vinculado al intestino delgado, que recoge todos los líquidos que se destilan en la primera etapa del proceso digestivo que se produce en el estómago.
- El bazo se asocia al estómago. Ésta es la más importante de las vísceras, dentro de la cual tiene lugar la separación de los líquidos en una parte impura, enviada al intestino, y en una parte pura, destinada al bazo.
- Los pulmones están conectados con el intestino grueso, que tiene la importante función de recoger los líquidos impuros de la digestión y, sobre todo, recuperar el agua todavía utilizable.

La medicina tradicional china, en el campo del diagnóstico, no analiza el estado de la funcionalidad de los tejidos y de los órganos, sino que trata de identificar los desequilibrios entre el *Yin* y el *Yang* mediante el reconocimiento de los síntomas que determinan la existencia: el color, el tono de voz, la respiración, el estado de la lengua. Incluso hoy en día, los principales medios de diagnóstico de la medicina china son el análisis del pulso y la palpitación abdominal.

LA ACUPUNTURA Y LOS MERIDIANOS ENERGÉTICOS

Todas las patologías, las enfermedades y las malformaciones, por lo tanto, se derivan de la alteración del equilibrio del *Yin* y el *Yang* del cuerpo humano y de los efectos que éstos tienen sobre los diversos órganos y vísceras, conectados por los meridianos. La antigua terapia de la acupuntura, que se atribuye al emperador Shen Nung, y que actúa a través de la estimulación de diferentes puntos de presión presentes en los meridianos (*King*), puede ajustar el equilibrio de las energías *Yin* y *Yang* y, en consecuencia, la influencia que tienen sobre el correcto funcionamiento fisiológico de los órganos. A través de este procedimiento, es posible atenuar la descompensación y restaurar el correcto flujo de la energía vital material y espiritual. Aunque la leyenda designa a Shen Nung como el fundador de esta práctica, los primeros tratados científicos que han llegado hasta nosotros están datados en fechas más recientes.

> Los puntos que hay que estimular o *Tsiue* serían 365; que se dividen en diferentes grupos dependiendo del efecto causado por su estimulación y de acuerdo con su posición en los diferentes meridianos y por lo tanto de los órganos a los que corresponden. Para cada órgano hay puntos de tonificación y puntos de dispersión. También están los puntos de origen, que refuerzan la acción tanto del punto de tonificación, como del punto de dispersión del mismo meridiano. Los puntos de paso se utilizan cuando el pulso de un órgano es débil. Los puntos de alarma permiten un efecto tonificante sobre el meridiano del órgano que se desea alcanzar; su estimulación es particularmente dolorosa cuando la enfermedad tiene un origen moral. Los puntos de consenso o de consentimiento, localizados en la parte posterior, permiten actuar con una dispersión secundaria de manera directa sobre diferentes órganos. Los puntos de reunión, finalmente, controlan más órganos o funciones.[17]

La acupuntura se realizaba en la Antigüedad con instrumentos rudimentarios fabricados con esquirlas de piedra. Después se recurrió a las agujas de metal, variando la longitud y el calibre. La elección del metal se ve afectada por la visión mística de la estructura de la materia: las agujas hechas de metales de color rojo o amarillo (cargados de principio *Yang*) tendrían un poder excitante, mientras que las construidas con metales grises o blancos (cargados de energía *Yin*) tendrían un efecto sedante.

ELEMENTOS	ÓRGANOS	VÍSCERAS	ÓRGANO SENSORIAL	TEJIDOS	FLUIDOS CORPORALES	EMOCIONES
madera	hígado	vesícula biliar	ojos	músculos	lágrimas	ira
fuego	corazón	intestino delgado	lengua	vasos sanguíneos	sudor	alegría
tierra	bazo, páncreas	estómago	boca	conectivo	saliva	angustia
metal	pulmones	intestino grueso	nariz	la piel, el cabello	moco	tristeza
agua	riñones	vejiga	orejas	huesos	orina	miedo

VII
LOS CUATRO ELEMENTOS

El fuego es el agente transformador primario del que se genera el agua. A partir de esta última nace la tierra y, de nuevo, en un ciclo eterno, se da la transformación en fuego. Todo es precario porque está en flujo continuo, en un movimiento perpetuo y universal. No existe el ser, existe la unión generada por la conjunción de los opuestos. El universo nunca ha tenido un origen, siempre ha estado y siempre estará.

ARISTÓTELES

Anatomiae Occultii

DE ARISTÓTELES A EMPÉDOCLES: TEORÍAS ELEMENTALES

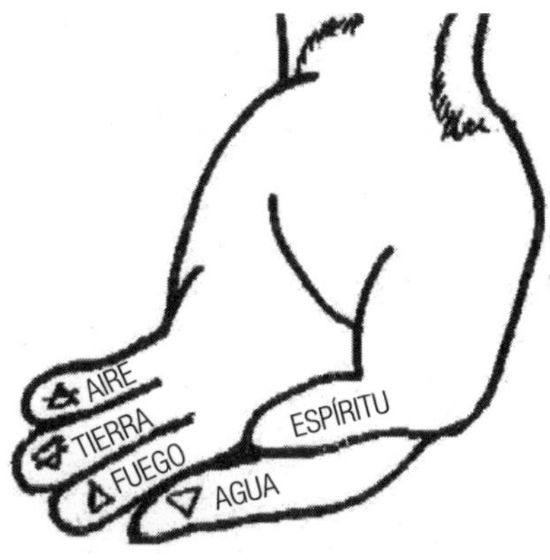

De acuerdo con la teoría aristotélica, que se remonta al año 350 a. C., cuatro son los elementos que forman la base de la realidad física: tierra, aire, fuego y agua. Estos elementos se encuentran también en las culturas orientales, en el budismo y el hinduismo y, además de representar los tres estados de la materia, sólido, líquido y gaseoso, tienen una relevancia importante en el sistema energético del hombre. Su característica es la de ser separables pero interdependientes. Se complementan entre sí y se mueven por una energía que les permite transformarse el uno en el otro.

Tierra: representa *sequedad y frío,* y corresponde al Norte.
Fuego: representa *sequedad y calor,* y corresponde al Sur.
Agua: representa *humedad y frío,* y corresponde al Oeste.
Aire: representa *humedad y calor*, y corresponde al Este.

La formulación de la teoría de los cuatro elementos, sin embargo, se atribuye generalmente a Empédocles (Agrigento, 490 a. C.), sobre el que hemos recibido poca información, sobre todo por parte de Diógenes Laercio en su obra, que se remonta a la primera mitad del siglo III d. C., sobre la vida y las opiniones de los filósofos célebres.

Empédocles explicita la noción de elemento, entendido como algo original y cualitativamente inmutable que produce la multiplicidad de las cosas con su diferente manera de combinarse y separarse de los demás elementos, pero al mismo tiempo inmutable en su cualidad. El nacimiento y la muerte son para él la mezcla y la disolución de determinadas sustancias que son engendradas e indestructibles, y que permanecen eternamente iguales. Empédocles llama a estas cuatro sustancias «las raíces de todas las cosas».

> De la mezcla de agua, tierra, éter [aire] y sol [fuego]
> nacieron muchas formas y colores de seres mortales, muchos ahora
> existen, por obra de Afrodita.
> (Empédocles, *Del origen*, fragmento 71 DK).

La cosmología de Empédocles también se basa en dos fuerzas antitéticas: el amor y el odio.

> En el Odio todo es irregular y contradictorio,
> pero en el Amor todo se reúne
> y toda cosa es capturada por deseo de la otra.
> Y de ellas germinan todas las cosas que fueron y son y serán,
> árboles, humanos, fieras, aves y los peces que viven en el agua,
> y los dioses de larga vida.
> (Empédocles, *Del origen*, fragmento 21 DK).

La interacción constante y los cambios continuos de estas dos polaridades opuestas es la base de la realidad física y de los procesos presentes en la naturaleza. Estas dos fuerzas operan no sólo en el universo en su totalidad, sino también en cada una de las cosas que pueblan el universo. Un aspecto clave de su acción es que se lleva a cabo en el tiempo y en distintos grados. Cuando la acción del amor prevalece sobre la del odio se tiene una situación de paz, que Empédocles, tras el rastro de Parménides, concibe como una esfera compacta y sin divisiones en su interior: es el famoso *esfero* (*sphairos*). Empédocles nos proporciona entonces su cosmogonía, una explicación sobre el origen del mundo. El *esfero* es la situación primordial en la que se mezclan las cuatro raíces y también están el amor y el odio: es una total situación de agregación en la que el primero prevalece sobre el segundo. Pero poco a poco el odio prevalecerá y las cuatro raíces se separarán; con el tiempo, sin embargo, volverá a dominar el amor y se volverá a la situación primordial de la completa agregación. No obstante, de nuevo, prevalecerá el odio y las cuatro raíces se separarán lentamente antes de pasar a la disgregación total y luego de vuelta de nuevo a la agregación.

Nuestro mundo se encuentra precisamente en la posición de separación del amor, pero aún no ha alcanzado el odio. Está a medio camino; cuando llegue el odio entonces se destruirá y después «renacerá» de nuevo. En resumen, nos encontramos ante una visión cíclica del mundo: para Empédocles durará hasta que el punto de partida (amor) no llegará al opuesto (odio). Sin embargo, este proceso de agregación y disgregación no se aplica sólo al mundo, sino al conjunto de la realidad: incluso los hombres se forman de esta manera y cuando prevalezca el odio se destruirán.

De acuerdo con la doctrina elemental de Empédocles, por otra parte, los cuatro elementos primarios son cualitativamente diferentes entre sí: se les dieron los nombres de las cuatro sustancias que manifiestan más claramente las diferencias típicas entre los cuerpos, la tierra, sólida; el agua, líquida; el aire, gaseoso; y el fuego, el primer elemento. Volviendo de nuevo al pensamiento de Pitágoras, el fuego fue el primer elemento, pero, al igual que los otros tres, podía combinarse e interactuar con todas las sustancias. Por la agregación de estas partículas de elementos se originaron todos los fenómenos: el nacimiento y muerte de las cosas, sus transformaciones cuantitativas, los fenómenos meteorológicos y el clima en general.

EL ELEMENTO AGUA

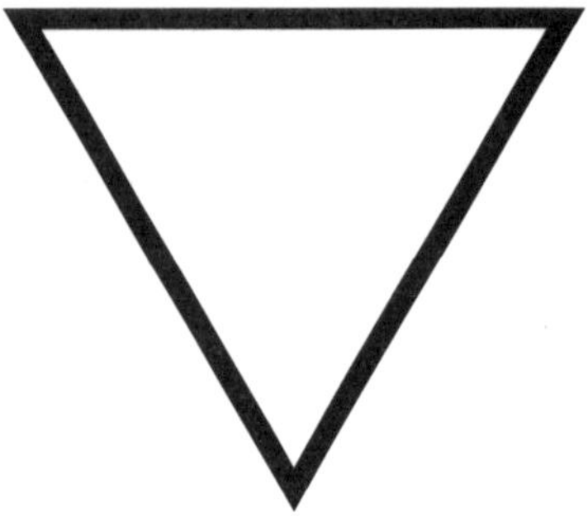

El agua, compuesta de oxígeno e hidrógeno presente en tres estados diferentes (líquido, sólido y gaseoso), es uno de los principales símbolos que se hallan en el pensamiento humano y, sobre todo, en el mágico y religioso.

El agua es el elemento principal que está en la base de las antiguas cosmogonías por cuanto, a través de ésta, se genera la vida.

El pensamiento platónico ve en el icosaedro, forma tridimensional compuesta de veinte triángulos equiláteros, la estructura del agua formada por el demiurgo de los orígenes. Este elemento se encuentra en el tercer lugar en la serie de los cuatro: después del fuego y del aire, y antes de la tierra, ya que, junto con esta última, es un elemento de movimiento difícil (mientras que el fuego y el aire son los más rápidos). Su función principal es mantener en la memoria la información presente en el ambiente y conservarla para transmitirla a otros elementos, en particular, a la tierra. Este proceso se encuentra en la evaporación.

> El agua se eleva hacia el cielo impregnándose de las influencias astrales y luego vuelve a la tierra en forma de lluvia. De esta manera, la tierra es fecundada con lo que el agua ha atrapado en la dimensión más sutil, trayendo beneficio por su evolución. El proceso debe repetirse un número infinito de veces en una relación dual: también la tierra impregna al agua de sus contenidos; un verdadero cambio entre la dimensión superior (fuego y aire) y la dimensión inferior (agua y tierra) que constituye el aliento universal.[18]

El agua es también un elemento fundamental en la práctica de la alquimia donde representa un disolvente que lleva al proceso de putrefacción, un paso esencial para hacer resurgir la vida. La alquimia utiliza una serie de procedimientos que tienen como principio básico el concepto de «memoria del agua» y que sirven para liberar la información presente en los elementos y transmitirla a un medio (agua u otra sustancia fluida) capaz de conservarla en el tiempo.

Mitos, cosmogonías y religión

En muchas religiones extendidas por todo el mundo, arcaicas y más recientes, el agua adquiere la exclusiva capacidad de ser el elemento que genera la vida humana y el mundo mismo. Por ejemplo, en la cultura hinduista, el dios Vishnu nada en las profundidades del mar para recoger la tierra y llevarla a la superficie: en los Veda, más precisamente en el Rig Veda, las aguas se celebran como *matritamah* (maternas) porque al inicio de los tiempos sólo existía el mar tenebroso del cual se generó todo.

También la religión egipcia estaba fuertemente ligada a este elemento: como el agua era la fuente de la fertilidad de las orillas del Nilo, se identifica como la matriz de todas las cosas y de este principio se estableció el culto al dios Canopus, señor de las aguas del río. En diferentes culturas el agua era sede y anfitrión de variadas identidades divinas, como Poseidón para los griegos, o semidivinas, como demonios, ninfas y hadas, que a menudo vivían en las aguas de los lagos, los ríos y los mares.

El cristianismo no es una excepción, de hecho, combina todos los efectos generadores y purificadores de este elemento en el rito del bautismo, a través del cual los hombres pueden ser purificados del pecado original para renacer como fieles y seguir los preceptos de la Palabra de Dios. Encontramos esta sacralidad también en el Nuevo Testamento: en una de las parábolas de San Juan, Jesús, dirigiéndose a las mujeres de Samaria dice: «El que beba del agua que yo le daré jamás tendrá sed».

Aspectos psicológicos

Las asociaciones de la psique humana a este elemento están estrechamente relacionadas con sus características. La imagen de la profundidad del abismo evoca en el hombre sentimientos igualmente profundos, tales como la compasión y la empatía, y su inmensidad, donde todo puede existir y ocurrir, estimula la imaginación y la creatividad.

Su fluidez inspira los sentimientos más recónditos, que emergen en determinados momentos y luego vuelven a las profundidades del alma, siguiendo sus indomables principios existenciales. De este dinamismo nacen las emociones y las actitudes como el altruismo, el abandono, la dependencia, el apego y el sentimiento de culpa. Como los cursos de los ríos se unen, se separan y forman lagos, del mismo modo las costumbres del hombre tejen muchas de sus relaciones con los demás, como el sexo, la lactancia materna y la alimentación, a través de los líquidos.

En el cuerpo humano

En la anatomía humana, el agua es el elemento sin el cual la vida cesa. Cuenta con importantes funciones fisiológicas: líquidos como la sangre llevan a los órganos los nutrientes necesarios para su funcionamiento. A través del agua de los humores se extiende todo el sistema de información del cuerpo humano, basta con pensar en las funciones de las glándulas que secretan el estado de ánimo necesario para comunicar las emociones y las sensaciones a través de las hormonas. Incluso el sistema nervioso expresa su funcionalidad con los líquidos de los neurotransmisores y de los linfocitos. La curación y el sistema inmunológico dependen del correcto flujo del agua por todas las partes del cuerpo.

El feto en el útero está sumergido en agua y recibe el alimento de la madre gracias al líquido que fluye por el cordón umbilical.

La sede de su centro físico está en el segundo chakra, situado en la pelvis y tiene su polo positivo en los senos y los omóplatos. Los órganos y sistemas más afectados por su acción son el corazón, las glándulas, las mucosas, el sistema endocrino, el sistema inmunológico, el sistema linfático, el plasma, el líquido cefalorraquídeo, la vejiga y los genitales.

EL ELEMENTO FUEGO

El fuego es el elemento de transformación en cuanto el calor que irradia dilata, modificando las formas y es sobre todo ambivalente: elemento de salvación que purifica, regenera y anima el llamado «fuego interior», pero que si está fuera de control es totalmente destructivo y lo devora todo, como las pasiones o la violencia. Su posición de partida, en la subdivisión cuaternaria del zodiaco (que comienza precisamente en Aries, signo de fuego), simboliza el nacimiento, la creación que da origen a un nuevo impulso de vida. El fuego representa la fuerza profunda que permite la unión de los opuestos y la ascensión a la sublimación. Es el motor de la regeneración periódica de la naturaleza. En el lenguaje de la alquimia, el fuego es una sustancia pura, indispensable para el cumplimiento de la Gran Obra, y es alimentado por el azufre de los sabios, simbolizado por el ave fénix. El fuego alquímico no quema, no destruye, sino que da vida con su poder divino. Puede endurecer los objetos, como sucede en el horno del alfarero, o puede convertirlos en fluidos mediante la fusión, pero siempre debe estar bien controlado.

Mitos, cosmogonías y religión

La historia de las religiones y de las culturas revela la importancia que desde siempre los hombres han atribuido al fuego. La visión de este elemento puede ser considerada de dos formas: como donante y como destructor de la vida. Es la fuerza de la naturaleza que calienta y hace posible la vida a través del sol, pero al mismo tiempo puede resultar impredecible, peligrosa y difícil de dominar. Las distintas civilizaciones humanas tienen testimonios de diversos tipos sobre el culto al sol, cuya adoración ha sido la primera y más natural forma de expresión interior del hombre. Sabemos que los antiguos egipcios representaban el sol con el dios Ra y lo adoraban. Ra, de hecho, considerado el padre del faraón, era representado en forma de un disco alado o con el aspecto de un halcón, o de un hombre con el rostro de un halcón. Las pirámides, las esculturas y las inscripciones que aún permanecen hoy en día indican que estas culturas antiguas tenían un conocimiento preciso de los movimientos del sol y de los planetas, y las mismas pirámides eran un símbolo solar y estaban alineadas de manera que recibieran al máximo las radiaciones solares.

Las civilizaciones de los aztecas, incas y mayas tenían templos muy elaborados dedicados a las divinidades solares. El calendario maya es considerado el más preciso jamás producido, y muestra un conocimiento detallado del sol ya hace miles de años. En la antigua cultura griega, sin embargo, era Helios, antiquísima divinidad de todos los pueblos heredada por los romanos bajo el nombre de Apolo, hijo de Zeus y de Leto. Apolo era, de hecho, uno de los principales. Era sanador y patrono de la medicina, dios de la luz, de las bellas artes, de la inspiración filosófica y de la profecía, pero también era terrible en su cólera y venganza. El culto al fuego asimismo fue especialmente importante en la religión persa. En este contexto, se consideraba como principio del bien, protector del orden divino en la tierra.

En los Evangelios aparece como símbolo de juicio necesario. El día de Pentecostés, el Espíritu Santo se manifiesta en forma de lenguas de fuego que se posan sobre los discípulos. En el Apocalipsis el «lago de fuego y azufre» está presente como un lugar de desaparición al que se lanzan personajes que no son más que símbolos.

En la tradición mágica a este elemento pertenecen las salamandras, que no deben confundirse con los animales que llevan este nombre. Estas salamandras «filosóficas» son, de hecho, espíritus elementales que residen en el elemento fuego. Paracelso las describe como criaturas hábiles y flexibles, con el aspecto de lenguas de fuego o de esferas brillantes.

Aspectos psicológicos

El fuego, por su energía y volatilidad, se asocia a todas las pasiones, las ganas de vivir y la fuerza de espíritu típicas de la juventud. Es la fuente del deseo de amar, de consumar las experiencias, provoca el deseo de emprender y ser activo. Su energía a menudo genera emociones incontrolables por el intelecto que huyen y arden por su propia naturaleza. En su sentido más positivo es el elemento del amor por los demás, permite el dominio, la creación y estimula la dedicación a los propios objetivos. Por el contrario, en su sentido negativo, debido a su fuerza, provoca sentimientos destructivos tales como el odio, la ira y la venganza. Su furia violenta alimenta la búsqueda de cada vez más pasiones para consumar y puede conducir a la dependencia emocional.

En el cuerpo humano

El fuego evoca inmediatamente calor, energía y destrucción, características asociadas al metabolismo. Este elemento, de hecho, representa los procesos metabólicos, o todos los procesos que operan un verdadero e incesante trabajo de transmutación en nuestro cuerpo, a partir de las materias en bruto de las que nos alimentamos que, una vez introducidas, son refinadas y transformadas en energía, calor y movimiento. Por tanto, el fuego es el elemento que representa por excelencia la transformación, el cambio de estado. En el mapa del cuerpo, la zona asignada al fuego es el llamado plexo solar, la zona alta del abdomen (debajo del esternón y por encima del ombligo), en el que están situados los órganos más responsables de la transmutación y la combustión, el estómago, el hígado, el páncreas. También es el «área de trabajo» del diafragma, verdadero fuelle que aviva el fuego, y sin aire no puede arder.

EL ELEMENTO AIRE

En la clasificación tradicional, el aire es el segundo elemento superior (sólo inferior al fuego) y es de importancia fundamental, ya que en su interior tienen lugar algunas transformaciones que también involucran a los elementos inferiores (agua y tierra). Se puede considerar como la línea divisoria entre el mundo terrenal y el mundo superior, un punto de contacto entre la espiritualidad y la materia, o entre los impulsos materialistas y los más elevados.

El aire es, de hecho, un vínculo entre la tierra y el cielo. En las disciplinas esotéricas o en el yoga, el acto de respirar corresponde a un importante proceso de absorción de la sustancia invisible llamada, como hemos visto anteriormente, de diferentes maneras en distintas culturas. El aire es el *chi* de los taoístas, el *prana* de los hindúes, el *éter* que rodea y penetra todo. Para los alquimistas, tiene una doble característica: es esencial para la existencia de todas las cosas y se caracteriza por una gran cantidad de Espíritu del Universo. Entre las acciones que lleva a cabo está el enriquecimiento y la fecundación del agua, la cual, después de subir al cielo en forma de vapor de agua, vuelve a la tierra llena de nuevas virtudes que transmite por contacto con el mundo superior. Es la esencia caliente, húmeda, ligera que determina el movimiento, la animación, la evolución y el desplazamiento, el estado de ánimo de las mentes y la circulación, la dispersión, el intercambio. El aire circula y penetra en la tierra, hace arder al fuego, se adhiere al agua con la que se mezcla. Es fluida, intangible, ligera, volátil.

Mitos, cosmogonías y religión

El filósofo griego Anaxímenes (siglo VI a. C.) consideraba el aire el principio primero de todo lo que existe. En uno de los tres fragmentos que quedan de su obra *Sobre la Naturaleza*, se lee: «Así como nuestra alma, que es aire, nos sostiene y gobierna, del mismo modo la respiración y el aire abarcan el mundo entero». Otro filósofo griego, Empédocles (siglo V a. C.), lo consideró una de las cuatro raíces eternas (junto con el agua, la tierra y el fuego) de cuya combinación depende el curso del universo. Para los egipcios la divinidad del aire era Shu, hijo del dios primordial Atum o Ra. Era representado con barba y con una pluma de avestruz en la cabeza. A veces también se le representaba con cuatro plumas que simbolizaban los cuatro grandes pilares que sostienen el cielo, personificado en la diosa Nut. El dios Shu era asimismo la personificación teológica de la respiración, o soplo vital, que sirve para que viva toda criatura mortal. En la antigua Mesopotamia, el dios alado Pazuzu era la temida personificación del viento del suroeste, lo llamaban «señor de los demonios del viento maléfico» y traía la tormenta, el frío y las enfermedades. Era representado como un aterrador híbrido con la cabeza deforme, con cuatro alas de águila y de murciélago, el cuerpo humano y reptiloide, afiladas garras en las manos y en los pies y una cola de escorpión capaz de infectar de fiebres tifoideas.

Aspectos psicológicos

El aire se conecta directamente con el mundo de las ideas y todo lo que es etéreo. El elemento está relacionado con aquello que existe en potencia, pero aún no se ha hecho realidad: nada existe en la materia si antes no se ha concebido el pensamiento. Encierra la capacidad de la razón humana para crear ideas mediante el pensamiento abstracto y la imaginación, y sus principales medios de expresión son la palabra, la escritura, las artes visuales, la música.

El sistema de comunicación interpersonal se basa en este elemento que da vida a la sociabilidad en sus expresiones: los intercambios culturales, el juego, las discusiones, el cambio de ideas y la ligereza en las relaciones.

El aire expresa al hombre dinámico, abierto y receptivo a las situaciones, animado y con ganas de crear, pero si está presente en exceso es probable que lo convierta en superficial, inconstante e incoherente.

La razonabilidad, la diplomacia, la sinceridad son inspiradas por el aire caliente (influencia astral positiva) y contribuyen al desarrollo de la inteligencia llevando al individuo a la continua búsqueda de la verdad de las cosas, que reside en las ideas, o en su matriz original abstracta. Cuanto más se desarrolla el pensamiento más precisa, definida, amable y optimista se hace la identidad; en consecuencia, más se facilitan las relaciones sociales. Pero cuando el aire está presente en exceso nacen sentimientos como la vanidad y la irritabilidad.

El principal efecto que el aire tiene sobre el ser humano es la ideoplastia, es decir, la fuerza que tienen la mente y el pensamiento para actuar y tener efecto en el cuerpo, y, por tanto, mediante la estimulación del hemisferio derecho del cerebro, también en las emociones. A través de este proceso las ideas se pueden comunicar directamente y sin filtros con el inconsciente, en cuanto el sentido crítico y la racionalidad residen en el hemisferio cerebral izquierdo. La creatividad, la emocionalidad y la sensibilidad se activan cuando, gracias al aire, el hemisferio derecho es más reactivo que el izquierdo y se puede desvincular de sus esquemas y medidores de análisis de la realidad. Regula la comunicación entre las dos partes del cerebro y permite que la parte espiritual, privada de *ratio*, se exprese.

En el cuerpo humano

La sede del aire en la anatomía humana es la parte suprayacente al diafragma, más concretamente los órganos y sistemas que se encuentran en el tórax.

Los pulmones y el corazón están fuertemente asociados a este concepto. Los primeros, a través de la respiración, permiten el intercambio de energía y de materia introduciendo del exterior al interior, y viceversa, mientras se produce un segundo cambio en los alvéolos, donde los glóbulos rojos liberan las sustancias para expulsar mediante la exhalación, para cargarse de oxígeno y transportarlo a las células del cuerpo, dentro de las cuales otras dinámicas de cambio permiten los procesos metabólicos. El corazón, sin embargo, es el motor pulsante que crea el movimiento necesario para lograr estos intercambios.

El aire reside en abundancia en el cerebro, donde nacen las ideas, intersección fisiológica de las comunicaciones, en el aparato de fonación, como herramienta de expresión oral del pensamiento, y en las extremidades superiores que, igual que la palabra, son también medios de comunicación. Incluso el sistema nervioso en general sirve de instrumento de comunicación.

Esto demuestra la estrecha relación entre este elemento y las diferentes dinámicas de comunicación porque, a través de ellas, se manifiesta la vida como movimiento.

EL ELEMENTO TIERRA

La tierra es el elemento asociado al mundo femenino y a su fertilidad. Es opuesta a la figura masculina del cielo y es continuamente fecundada por éste y por los otros elementos, fuego y agua, que viven y prosperan en ella. Su vientre es el hogar de nacimiento de la vida, alimenta el crecimiento gracias a su exuberancia y a su riqueza en nutrientes, protege la existencia con su fuerza y su poder.

La tierra también es sabia, paciente y firme, menos dinámica que los otros elementos; por lo tanto, más estable y apta, en su discreción, para alojar y conservar la información transportada por el agua.

Es la madre amable que, a pesar de sufrir los efectos y las acciones del movimiento y devenir de los otros elementos, se convierte en sede del fuego y del agua, y compañera inmóvil y fiel del aire y del cielo.

Mitos, cosmogonías y religión

En la mitología griega, Gea (la Tierra) al unirse a Urano (el Cielo) da origen a la primera generación de dioses: los Titanes. En dicha mitología existía un panteón de deidades ctónicas, o relacionadas con la tierra en el doble aspecto de fertilidad e inframundo. Desde el punto de vista simbólico, la unión entre el Cielo y la Tierra era objeto de adoración en los cultos de la fertilidad y en los misterios eleusinos. La figura mitológica más célebre que se mueve entre estos dos mundos es Perséfone, hija de Deméter (diosa de la fertilidad) que es secuestrada por el dios del inframundo Hades y más tarde obligada a vivir seis meses en el inframundo y seis meses con su madre en el Olimpo. Perséfone puede ser venerada como divinidad olímpica en su aspecto de Kore, la muchacha que recoge flores y representa la primavera, pero se convierte en ctónica cuando se toma en consideración su rol de reina de los muertos.

También en las mitologías no griegas existen figuras que se refieren a un sustrato de creencias más antiguas. Por ejemplo, la diosa cretense de las serpientes y la divinidad osco-umbra Angizia, de las que no tenemos mucha información, pero que parecen estar vinculadas de nuevo a la fertilidad y poseen lazos simbólicos con la tierra. En el cristianismo, la tierra es un elemento fundamental en la creación del hombre. En el libro del Génesis leemos: «El Señor Dios plasmó al hombre con polvo del suelo y sopló en su nariz el aliento de vida y el hombre fue un ser vivo».

Aspectos psicológicos

Los significados atribuidos a ese elemento se extienden hasta el sentido de pertenencia y la capacidad de enraizarse, no importa si a un lugar o a un ideal. También al enraizamiento y el mantenimiento de un hábito o de un patrón, ya sea de reacción emocional, de movimiento o de cualquier tipo, y, en general, la consolidación de cualquier proceso o memoria pertenecen al elemento tierra, que en realidad representa globalmente nuestra estructura física, lo que nos caracteriza, y a través de la cual nos manifestamos de manera tangible. De hecho, para remover la tierra se requieren esfuerzos considerables, porque no sólo es resistente, sino que también opone resistencia al cambio.

En el cuerpo humano

En nuestro cuerpo podemos reconocer el elemento tierra en aquella parte que nos garantiza el apoyo y constituye el aspecto más denso y consistente, en general todo el esqueleto y la parte fibrosa de los tejidos conectivos. También la musculatura llamada «estática» (la que se ocupa de sostener nuestro peso), principalmente compuesta de fibras tónicas, puede considerarse como un aspecto suyo: es aquella musculatura «lenta», apta para sostener, que se caracteriza por la resistencia al esfuerzo prolongado, así como la tierra es el elemento de apoyo por excelencia. En particular, en el mapa de nuestro cuerpo, el elemento se atribuye a la estructura de la pelvis, las piernas y los pies, que ejercitan la función de apoyo al convertirse en nuestras verdaderas raíces.

Los Cuatro Elementos

			EVANGELISTAS	ESTACIONES	Dones del ESPÍRITU	ESTADOS	FASES LUNARES	FASES DIARIAS
י	△	FUEGO	MARCOS	VERANO	VALENTÍA	VIGILIA	LUNA LLENA	MEDIODÍA
ה	▽	AGUA	JUAN	OTOÑO	MIEDO	SOLEDAD	LUNA MENGUANTE	TARDE
ו	🜁	AIRE	MATEO	PRIMAVERA	COMPASIÓN	AYUNO	LUNA CRECIENTE	MAÑANA
ה	🜃	TIERRA	LUCAS	INVIERNO	CONSEJO	SILENCIO	LUNA NUEVA	MEDIANOCHE

TABLA DE LOS ELEMENTOS Y DE SUS CARACTERÍSTICAS ATRIBUIDAS POR LA TRADICIÓN

Encontramos la teoría de los elementos presente también en las doctrinas orientales del yoga. Asimismo, en este caso los elementos son los cuatro conocidos y toman el nombre de *tattwa*. A éstos se añade un quinto: el éter. Los cinco *tattwa* son los elementos arquetípicos de la manifestación o, en otras palabras, los ladrillos de los cimientos tanto del macrocosmos como el microcosmos. Esta presencia universal de los *tattwa* permite al operador interactuar sobre cada parte de la manifestación, creando puentes a través de las «simpatías y resonancias» entre los elementos presentes en sí, y en los presentes en otros entes o planos.

Cada *tattwa* es una vibración del *prana*, que es la luz de cuyas frecuencias se originan los cinco. Cada una de las cinco estratificaciones, o *kosha*, que forman el cuerpo humano está impregnada de cada uno de los *tattwa*.

El primer *tattwa* es el éter, o *akasha*; es de naturaleza sutil, difusa y, por lo tanto, no posee movimiento. Su color es el gris oscuro, casi negro.

Del éter se manifiesta el aire, o *vayu*, que está asociado al movimiento (viento) y cuyo color es el azul.

De *vayu* emana el fuego, *tejas*, la energía convertida en calor, cuyo color es el rojo y cuya cualidad es la expansión.

De ahí el *prana* se enfría y se convierte en agua, *apas*, cuyas cualidades son la fluidez y la contracción y cuyo color es el blanco.

Cuando la energía alcanza el estado más denso se da el elemento más pesado, la tierra, o *prithvi*, cuyas cualidades son la pesadez y la cohesión. Su color es el amarillo.

VIII
ALQUIMIA

Visita interiora terrae
rectificando invenies
occultum lapidem.

Anatomiae Occultii

LA ALQUIMIA

LA *OPUS MAGNUM*

El origen de la práctica de la alquimia se pierde en las brumas del tiempo. Desde el punto de vista histórico, su nacimiento se data hace más de tres mil años en las riberas del Nilo. Del color oscuro (*kem* es una palabra egipcia que significa 'negro') que la tierra fértil de Egipto adquiere tras las inundaciones periódicas del Nilo se origina etimológicamente la palabra *alquimia*. Este antiguo arte se basa en complejos conceptos doctrinales de la filosofía hermética, cuyo fundador, según la tradición, fue Hermes Trismegisto (título dado por los griegos, que significa 'el tres veces grande'), personaje legendario identificado con Thoth, el dios egipcio de las letras, de los números y de la geometría, y con Hermes, dios griego de la comunicación y de la palabra. A Trismegisto se atribuye el *Corpus Hermeticum*,[19] conjunto de escritos iniciáticos y filosóficos, reunidos en un único volumen en la época bizantina, que tuvo mucha popularidad en la Edad Media y en el Renacimiento. A partir de estos textos los alquimistas trazaron un sistema preciso de conocimientos del cual deriva sus cogniciones prácticas. La alquimia, aunque nacida en Egipto, se extendió en el curso de los siglos por todo el mundo antiguo: Grecia, Roma, Oriente Medio y China.

Las bases teóricas sobre las que se fundamenta la alquimia ven como principio fundamental la correspondencia entre todos los componentes visibles e invisibles del cosmos. «Como arriba, también abajo, y como abajo también arriba, para crear el milagro de una cosa única» fue el primer axioma de la *Tabla de Esmeralda* de Hermes Trismegisto, el texto traducido del árabe al latín en 1250 y que apareció por primera vez en versión impresa en el *De Alchimia* de Johannes Patricio en 1541. Los axiomas dados en la tabla se consideran la base de la educación alquímica.

A través de la capacidad de actuar sobre las correspondencias entre el microcosmos (hombre) y el macrocosmos (universo), la alquimia se propone llegar a la transmutación de los metales viles (por ejemplo, el plomo) en metales nobles (el primero de todos, el oro). Como leemos en las numerosas obras alquímicas, la verdadera transmutación del vil plomo en oro sólo podía lograrse con el uso de una sustancia misteriosa, cuya verdadera fórmula estaba sometida a un estricto secreto y que fue llamada con el sugestivo nombre de *piedra filosofal*. En particular, uniendo la *semilla del oro* al *mercurio de los filósofos*, mediante operaciones repetidas de solución y coagulación (*Solve et Coagula*) de una materia prima inencontrable, los alquimistas decían ser capaces de producir un sutil *polvo rojo*, denominado *polvo de proyección*, que añadido al metal en estado de fusión lo convertía en oro al instante. A la legendaria *piedra filosofal*, sobre todo en la Edad Media, se atribuyeron también otras propiedades maravillosas, además de la de producir el metal áureo, tales como la capacidad de curar enfermedades, de prolongar la vida humana más allá de los límites naturales y de dar a su poseedor los dones morales de la sabiduría y la virtud. «Como ennoblece los metales», sentenciaba el célebre alquimista Nicolas Flamel, «también la piedra filosofal purifica el espíritu del hombre, extrayendo de su corazón la raíz misma del pecado».

La parte más importante de la práctica alquímica, sin embargo, es simbólica y metafórica, redescubierta por muchos ocultistas contemporáneos. La verdadera transmutación es, de hecho, aquella física y psíquica del alquimista que, a través de la adquisición de forma permanente de conocimientos y prácticas espirituales que pueden cambiar su forma de vida, elevándolo desde una condición humana vil (simbolizada precisamente por el plomo), pasa a un estadio de humanidad noble y áurea impregnada del conocimiento de los misterios más profundos de la creación, de la naturaleza y de lo divino.

La alquimia espiritual, por lo tanto, se puede definir como un camino de conocimiento y madurez. Un renacimiento que tiene lugar después del descubrimiento de la propia esencia secreta, limpia de todas las impurezas que hacen la vida corruptible y de duración limitada. El alquimista es, pues, el hombre por excelencia.

Los tres principios alquímicos

☿	Serafines	emanación	Dios	no manifiesto	PENSAMIENTO	centro
🜍	Ofanimes	creación	hombre	metamanifiesto	PALABRA	radio
🜔	Querubines	formación	mundo	manifiesto	GESTO	circunferencia

LA TEORÍA ALQUÍMICA

Según la concepción alquímica, todos los cuerpos naturales, especialmente los metales, están compuestos por tres principios derivados de la modificación de una materia única y universal. Se llaman simbólicamente Mercurio, Azufre y Sal.* Esta teoría se utiliza especialmente para explicar el proceso de formación de los metales en el seno de la tierra. Los alquimistas creían que un vapor sutilísimo, húmedo y viscoso, procedente del centro del planeta era capaz de aglutinar las partículas de una materia seca y polvorienta. Todos los metales se formarían, por tanto, en el subsuelo mediante la unión de esta materia seca y del vapor líquido a través de la condensación y la cocción. La materia seca se llama Azufre y el vapor húmedo Mercurio. La característica principal del Azufre es, entonces, la sequedad y la fijeza, y la del Mercurio es la humedad

* No deben confundirse con los cuerpos que normalmente se agrupan bajo este nombre. Nos tomamos la licencia poética de ponerlos en mayúsculas con el fin de darles un valor añadido que los distinga de los elementos químicos. (*N. del A.*)

y la volatilidad. De esto se deduce que las características que estos dos principios aportan a los metales son las siguientes:

Azufre: en la alquimia es el principio del «fuego». En la mente del hombre es el alma, le permite sentir atracción o repulsión, lo hace vivo y dinámico en un movimiento continuo como el de las llamas. El Azufre es el catalizador del Mercurio y de la Sal, los une y acelera su amalgama. En el simbolismo es el principio masculino del metal, a menudo representado de diferentes maneras: como un rey, como una llama o como el sol. En las plantas es el aceite esencial. Pertenece al fuego y se encuentra en la tierra.

Mercurio: como el azufre representa el alma, el mercurio en el hombre retrata el espíritu. Es la sensibilidad que nace del raciocinio y del intelecto, por definición ingobernables. Principio de la «volatilidad», en el simbolismo es el principio femenino y se dibuja con la forma de una luna o de una reina y con el color blanco. En las plantas es el alcohol y las sales volátiles. Existe en el aire y en el agua.

Sal: la sal es el principio más estable de los tres, actúa como «axioma», y por tanto no necesita demostración. Debido a su naturaleza, es el principio mediador entre lo masculino y lo femenino, y en el simbolismo siempre se representa como personajes andróginos o asexuados. Si el Azufre es el alma y el Mercurio es el espíritu, la Sal es el cuerpo. En las plantas es tanto las sales solubles como las insolubles. No pertenece a ninguno de los cuatro elementos, sino que es la quintaesencia, a saber, el éter.

LOS SIETE METALES

La alquimia describe siete metales principales, cada uno correspondiente a un planeta de la astrología clásica con los que también comparten el simbolismo gráfico: el oro es el Sol, la plata es la Luna, el mercurio es Mercurio, el cobre es Venus, el hierro es Marte, el estaño es Júpiter y el plomo es Saturno.

Todos los metales siguen un proceso evolutivo en el interior de la Tierra, y cuando se extraen este proceso se bloquea. En consecuencia, el grado de cada metal viene determinado a partir del momento en que se extrae: cuanto más tiempo se mantiene bajo tierra, más alto es el nivel de perfección. Son siempre representados según un orden decreciente de perfección, del cual oro y plata están en la cima, mientras que el plomo se encuentra en el nivel más bajo. El cometido de la alquimia es hacer que los metales completen el propio recorrido evolutivo hasta llegar a ser perfectos, es decir, hasta que lleguen a ser oro.

Este principio catártico también se aplica al hombre que, gracias a los procesos alquímicos, puede alcanzar su máximo estadio evolutivo.

Sal, Mercurio y Azufre, como los metales, reflejan tres componentes metafísicos diferentes de la naturaleza humana: cuerpo, espíritu y alma.

El proceso alquímico que lleva a los metales a alcanzar el estadio de piedra filosofal, que es el escalón más alto del recorrido evolutivo que hace noble a un metal impuro, es la Gran Obra. Los textos y los escritos dejados por los alquimistas del pasado representan este procedimiento a través de alegorías y símbolos a menudo crípticos y enigmáticos; por lo tanto, resulta complejo descifrar con exactitud las fórmulas que permiten la realización. Sin embargo, el método general para la purificación atraviesa tres fases: la primera obra, en la que se separan los tres principios que componen la materia; la segunda obra, en la que una vez divididos se purifican de forma individual; y la tercera obra, que es la fase final en la que la Sal, el Azufre y el Mercurio son unidos para crear la piedra filosofal.

PRIMERA OBRA: APERTURA Y SEPARACIÓN DE LA MATERIA

En la primera fase la materia se disuelve y se disocia por el uso de una sustancia misteriosa llamada «Fuego Secreto». De esta destilación se extrae un agua viva de color blanco, el principio femenino de la materia, que es el Mercurio (primer disolvente). La figuración de este momento es un caballero matando a un dragón o un combate violento. El residuo obtenido gracias a la separación del Mercurio es *Caput Mortuum*, que, después de ser calcinado, se convierte en una ceniza de color rojizo.

SEGUNDA OBRA: SUBLIMACIÓN Y CREACIÓN DEL REBIS

Una vez separado de la materia, el Mercurio se trabaja mediante complejas sublimaciones hasta purificarlo al más alto grado. Al final de este proceso se extrae del *Caput Mortuum* el Azufre, el principio masculino de la materia. Por último, el Mercurio y el Azufre son mezclados para obtener el Rebis (Mercurio filosófico), principio andrógino. Este proceso se representa alegóricamente mediante la boda de un rey y una reina, o del sol y la luna.

TERCERA OBRA: COCCIÓN DEL MERCURIO FILOSÓFICO

Herméticamente sellado en un frasco, el Mercurio Filosófico se cuece a temperaturas muy altas con el fin de cristalizarlo y solidificarlo hasta obtener una primera piedra. Se llama Azufre Incombustible y puede ser considerada como el primer estadio de la piedra filosofal. En esta larga cocción el Mercurio Filosófico asume varias coloraciones que permiten a los alquimistas dividir el proceso en tres fases fundamentales correspondientes a los colores que aparecen en el frasco:

- **Obra Negra (Nigredo),** en la que el Mercurio Filosófico atraviesa un estadio de «putrefacción», caracterizado por el color negro y simbolizado por el cuervo y las imágenes vinculadas al simbolismo de la muerte.
- **Obra Blanca (Albedo),** en la que el negro se lava gradualmente y aparece un color blanco resplandeciente, símbolo de pureza y de renacimiento, a menudo representado por animales tales como la paloma o el cisne.
- **Obra Roja (Rubedo),** en la que la sustancia se enrojece progresivamente asumiendo por primera vez una coloración amarillenta: estos colores indican la progresiva fijación o cristalización del Mercurio Filosófico en Azufre Incombustible.

Nigredo, Albedo y Rubedo del tratado *Pretiosissimum Donum Dei* atribuido a Georges Aurach (1475 *ca.*)

Una vez obtenido, el Azufre Incombustible debe ser «multiplicado», es decir, se incrementa su poder de cambiar de forma, en este caso entendida como nivel de pureza, repitiendo el mismo procedimiento de disolución. Usando el Mercurio conservado previamente el proceso de destilación y cristalización se repite dos veces. En la simbología la tercera obra está representada por la imagen de un pelícano que se hiere violentamente el pecho para hacer que sus polluelos se alimenten de su sangre.

Al final de la tercera repetición se obtiene la piedra del tercer estadio, que debe ser fermentada con una pequeña cantidad de metal noble: oro o plata.

El tipo de metal noble utilizado orienta la piedra filosófica, que ahora puede ser transformada en un polvo, llamado «Polvo de proyección», que puesto en contacto con cualquier metal imperfecto lo convierte en oro o en plata, dependiendo de su orientación.

EL ATANOR DE LOS ALQUIMISTAS Y EL CUERPO HUMANO

Como ya se ha dicho, la ley de la analogía está en la base del procedimiento alquímico. El hombre es la imagen de Dios, la imagen del universo, y todo lo que hay en el universo (macrocosmos) se refleja en el hombre (microcosmos). En el hermetismo existe una subdivisión del hombre en tres macroáreas:

Cabeza: elemento fuego que produce electricidad.
Abdomen: elemento agua que produce magnetismo.
Pulmones: elemento aire.

El elemento tierra confiere estructura y se encuentra en el aparato de apoyo (huesos y músculos). La *Quintaesencia* está contenida en la sangre y los fluidos sexuales. En el cuerpo humano se desarrolla el magnetismo, aquella energía llamada de muchas maneras: *qi*, *prana*, *od*. El lado derecho del cuerpo es eléctrico, activo, conectado al elemento fuego (*Yang*). El lado izquierdo del cuerpo es magnético, pasivo, conectado al elemento agua (*Yin*). Y al contrario si se es zurdo.

Se debe mantener un equilibrio en el medio que proporciona los elementos necesarios para la transmutación alquímica. En la tradición, los desequilibrios entre las partes del cuerpo dominadas por los elementos conducen a ciertos trastornos o características:

- Si existe un exceso de fuego, entonces tendremos sed.
- Si existe un exceso de aire, entonces tendremos hambre.
- Si existe un exceso de agua, entonces tendremos frío.
- Si existe un exceso de tierra, entonces estaremos cansados.

Aunque el propósito y el efecto de la piedra filosofal no son muy conocidos, constituyen el secreto último de la alquimia y compendian el significado eminentemente simbólico. Todas las interpretaciones de la alquimia como química primitiva se basan en el aspecto operativo, es decir, en las maneras en que los alquimistas trabajaban en sus talleres. El oro filosófico era en realidad el objeto de una investigación concreta de los alquimistas medievales, de cuyos laboratorios salían productos tangibles utilizados como medicamentos. En la Edad Media este fármaco producido por los alquimistas también recibía el nombre de «medicina de los metales» o «medicina purgante», y grandes filósofos como Ramón Llull, Alberto Magno y Roger Bacon los estudian ampliamente en sus obras. Para Bacon (1214-1294), el objetivo del alquimista es el de producir, con operaciones manuales secretas, la medicina perfecta que se obtiene con la recomposición y armonización corpórea no sólo de los cuatro elementos básicos (tierra, agua, aire, fuego), sino también de sus cualidades (seco y frío, frío y húmedo, húmedo y caliente, caliente y seco). Este fármaco es de naturaleza muy sutil y lleva a todas las cosas a su temperamento perfecto, conserva la salud y fortalece las energías, rejuvenece a los viejos y elimina del cuerpo cualquier otra enfermedad. Además, tiene el poder de eliminar los defectos de cualquier otro ser animado y de vivificar todas las plantas debido a su gran y maravilloso calor. En un pasaje, el alquimista inglés conocido como Doctor Mirabilis, declaraba:

> Esta medicina perfecta sirve tanto para obtener la transmutación de los metales viles en oro, como para sanar y hacer incorruptible el cuerpo

> humano. El fármaco maravilloso de composición alquímica es definido por los filósofos como la *«gloria inestimabilis»*, madre y emperatriz de todas las medicinas, quinta esencia, piedra filosofal, elixir de vida. Con él se pueden curar todas las enfermedades y las heridas, prolongar la vida humana, mantener al hombre sano y fuerte, con una memoria clara y un ingenio vivaz. La juventud, la salud, la sabiduría del cuerpo renovado y reencontrado son dones de la tierra que, una vez perdidos, sólo la medicina de los filósofos es capaz de encontrar.[20]

La alquimia, principalmente, tiene hoy en día un valor mental, espiritual y esotérico. Los principios alquímicos de transmutación y búsqueda de la perfección no deben, por lo tanto, entenderse como enseñanzas que se puedan aplicar a los elementos tangibles a través de procedimientos químicos y físicos, sino como un complejo sistema de enseñanzas espirituales aptas para llevar a cabo una transmutación del propio ser, un viaje interior para conocerse a sí mismo y llegar a transformarse en el plano mental.

Según diversos autores, ya en la Antigüedad la alquimia era mental y espiritual, siendo su representación «esotérica» y protoquímica sólo una estratagema para desviar a los impuros que se acercaban al arte de la alquimia en busca de «metales» (dinero, riquezas).

Desde esta perspectiva, es fácil entender cómo el valor de la alquimia puede llevar potencialmente al hombre al conocimiento del todo-uno, entendido como sistema cognitivo de la mente humana. En su sistema simbólico, este arte, también conocido como *Spagiria*, parte entonces de la transmutación del metal vil en oro, donde «metal vil» se define como la parte más instintiva, ignorante e imperfecta del neófito, que debe alcanzar la lenta transformación pasando a través de más fases (la fase Nigredo, por ejemplo, representa una muerte simbólica de todo lo que hace imperfecto al hombre, para luego renacer a una nueva vida impregnada de una nueva conciencia).

Por lo tanto, la piedra filosofal es, en la alquimia espiritual, la *aurea apprehensio*, o el conocimiento áureo que el adepto puede obtener siguiendo este camino.

Ya los más antiguos escritos alquímicos distinguían el oro metal del oro espiritual o «filosofal». La frase «Nuestro oro no es el oro vulgar» (*Aurum nostrum non est aurum vulgi*) está presente en todos los grandes textos alquímicos. El oro del alquimista es, pues, el oro filosofal o la piedra filosofal (*lapis philosophorum*), que brindaba el conocimiento áureo a quien conseguía descubrirla.

Por lo tanto, el plomo simboliza al profano, mientras que el oro vulgar es una metáfora del aprendiz que se involucra en el difícil recorrido hacia el conocimiento áureo. El oro filosofal representa, en cambio, al maestro alquimista que habría obtenido tal conocimiento.

LA TRANSFORMACIÓN DEL ALMA

Los procedimientos metalúrgicos de los alquimistas del pasado se pueden considerar los supuestos simbólicos de algo mucho más profundo. La palabra VITRIOL, que aparece en muchos símbolos y libros alquímicos antiguos, significa *Visita Interiora Terrae Rectificando Invenies Occultum Lapidem*, es decir, «Visita el interior de la tierra, y rectificando encontrarás la piedra oculta», a saber, la piedra filosofal. Según los alquimistas, la piedra filosofal estaba dotada de poderes extraordinarios: en primer lugar, el de proporcionar un elixir de larga vida capaz de conferir la inmortalidad y el conocimiento absoluto del pasado y del futuro. A la luz de esto, el alquimista moderno es un hombre que transforma su naturaleza inferior hasta hacerse a imagen y semejanza de Dios. De manera simbólica, el alquimista excava la tierra y esto es considerado como el primer paso del proceso alquímico. La tierra es el cuerpo, o uno mismo. Penetrar en la tierra corresponde a penetrar, conocer el propio interior. Para alcanzar este conocimiento se debe pasar a través de las tres fases que hemos nombrado antes: Nigredo, Albedo y Rubedo.

NIGREDO, MUERTE Y RENACIMIENTO

El color negro entre los pueblos antiguos no estaba necesariamente ligado a un concepto negativo y funesto. El Nigredo, la Obra Negra, representaba el caos primordial del que surge todo. El negro también era el color de Saturno, el dios del implacable discurrir del tiempo honrado en Roma durante las Saturnales, la fiesta de fin de año que coincidía con la muerte y el renacimiento del sol. Esta fase representa la muerte del yo, de todos los deseos y los bajos instintos. Esto es posible a través de la cuidadosa observación de uno mismo llevada a cabo por el alquimista día tras día. Una observación distante, libre de prejuicios y especialmente caracterizada por el rechazo de muchos de los aspectos del carácter que salen a la luz en esta fase. Los sentimientos, las emociones y los estados de ánimo que emergen y sobre los cuales es necesario aportar el ejercicio de observación distante son la depresión, la angustia, la ansiedad, la soledad, el trauma y la inadecuación. La observación neutral que el alquimista aplica a todas estas manifestaciones de su personalidad hace que éstas pierdan poder sobre él progresivamente. Es como si estos estados de ánimo se convirtieran en entidades separadas que, sin la persona que los mantiene vivos, estuvieran destinados a morir.

ALBEDO, DOMINIO DE LAS EMOCIONES

En la fase Albedo, la Obra Blanca, las palabras clave son *transformación* y *renacimiento*, *procesamiento de problemas*, *superación* e *iniciación*. El simbolismo principal de esta fase es la luz, un elemento clave en todos los mitos de la creación. El color blanco representa la pureza, la virginidad y la espiritualidad. A partir de la fase precedente de autoobservación nace una figura importante, la del *observador*, que es en realidad la parte del individuo que quiere liberarse de la esclavitud de sus más bajos instintos. El alquimista espiritual en esta fase experimenta el poder de observar con distancia la máquina humana y de controlarla y, con el paso del tiempo, adquiere la capacidad de someter la personalidad a su voluntad, convirtiéndose en dueño de sus emociones. A medida que avanzamos en la Obra Negra comienza a verificarse la Obra Blanca y el individuo se distancia cada vez más de la personalidad y de todas las jaulas representadas por los patrones de pensamiento caóticos que la aprisionan, y llega a percibir las cosas con otro órgano de los sentidos: el corazón. El resultado es un amor incondicional hacia la realidad.

RUBEDO, NACIMIENTO DEL HOMBRE NUEVO

La fase de Rubedo, la Obra Roja, se caracteriza por el encuentro con el arquetipo de uno mismo, resultado del recorrido de individuación. Después de tres procesos laboriosos nace el Hombre Nuevo, el que ha aceptado su identidad espiritual. Así pues, el alquimista se ha convertido en lo que siempre ha sido sin saberlo: la esencia divina dentro de un cuerpo físico. En este punto hay un nuevo estado del ser que ya no está sujeto a cambios. Cuando nos domina en el mundo de los sentidos, de la vida aparente, de los deberes y las fricciones de la vida cotidiana, la evolución interior es imposible de llevar a cabo. Estos estados de ánimo nos cambian a peor, día tras día. El verdadero resultado que la alquimia espiritual se propone conseguir es mezclar en el propio corazón las energías que provienen del exterior con las que tienen origen en el interior, buscando su sentido y su fusión.

IX
EL HOMBRE ASTROLÓGICO

Cada cosa posee un cierto poder irracional influyente, ya que se configura dentro del universo. Y suceden muchas cosas en correspondencia a estas influencias, aunque no en virtud de una decisión de aquellos seres de los que parece provenir el efecto dado, porque también en los seres privados de decisión existe la influencia.

MARSILIO FICINO

Anatomiae Occultii

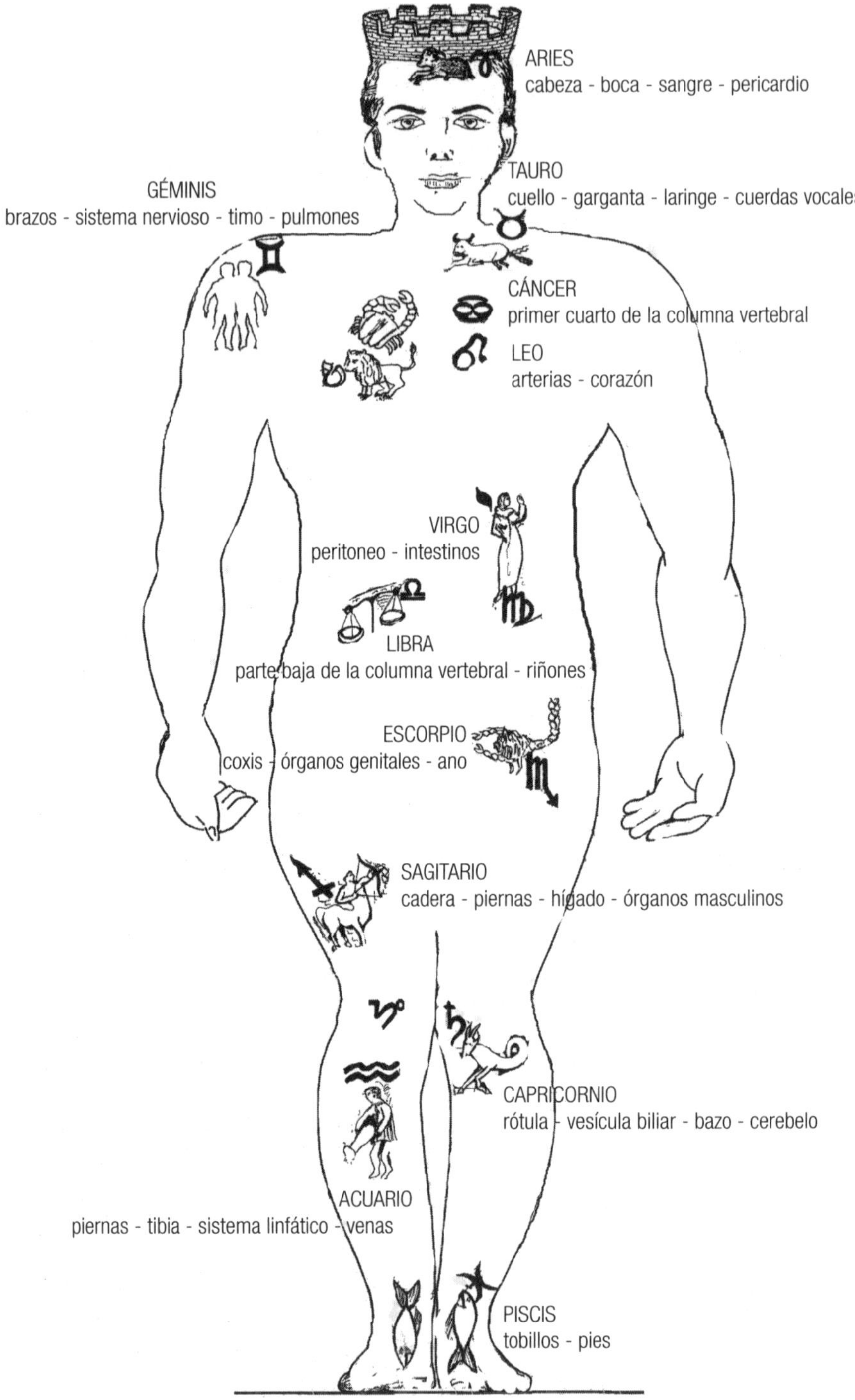
ARIES
cabeza - boca - sangre - pericardio
GÉMINIS
brazos - sistema nervioso - timo - pulmones
TAURO
cuello - garganta - laringe - cuerdas vocales
CÁNCER
primer cuarto de la columna vertebral
LEO
arterias - corazón
VIRGO
peritoneo - intestinos
LIBRA
parte baja de la columna vertebral - riñones
ESCORPIO
coxis - órganos genitales - ano
SAGITARIO
cadera - piernas - hígado - órganos masculinos
CAPRICORNIO
rótula - vesícula biliar - bazo - cerebelo
ACUARIO
piernas - tibia - sistema linfático - venas
PISCIS
tobillos - pies

LOS ORÍGENES DE LA ASTROLOGÍA, ENTRE VOLUNTAD DIVINA Y MÁNTICA

Pol y Jean de Limbourg:
***El hombre astrológico,* 1415-1416**

Las noticias sobre la astronomía de los caldeos, pueblo que vivía entre Mesopotamia y el Oriente Próximo desde el siglo IX a. C., han llegado hasta nosotros gracias a los escritores griegos y romanos de la época clásica, como Jámblico, Estrabón, Herodoto y Séneca.

Los caldeos[21] son considerados comúnmente como los fundadores de la astrología, ya que a ellos se atribuyen observaciones celestes prolongadas durante más de dos mil años. Este pueblo ha acumulado a lo largo de los siglos numerosos conocimientos sobre el cielo, y ha dado diversos significados a algunos fenómenos celestes.

La diferencia entre los objetivos de la astrología primitiva y aquellos que habrían resultado de este arte son importantes para entender la evolución. El pensamiento cultural y religioso de los caldeos veía en la voluntad divina un requisito fundamental para el éxito y la consecución de todas las actividades de la vida. El hombre no podía actuar de ninguna manera sin primero obtener el consentimiento de los dioses. Los sacerdotes interpretaban la bóveda del cielo como un inmenso libro simbólico en el que estaba escrita la voluntad divina. Cada planeta se consideraba la morada de una deidad que enviaba sus influencias a la tierra. Observando el movimiento de las estrellas, la posición que tenían en el cielo y su brillo, los astrólogos interpretaban la voluntad de la deidad correspondiente. Ya en el año 1000 a. C., se había formado una variada literatura sobre los presagios planetarios. Por ejemplo, como *Nergal* (Marte) era el dios de la guerra, el verano en el que *Nergal* brillaba más que nunca en el cielo era un buen momento para hacer la guerra (o un momento en que el peligro de guerra era grande). *Ishtar* (Venus) era la diosa del amor: las noches en las que *Ishtar* brillaba alta en el oeste, después de la puesta del sol, era un buen momento para la fertilidad, y así sucesivamente.

Cada planeta tenía su curso particular; diferían unos de otros en velocidad y en sus períodos orbitales. Las estrellas afectaban a la vida humana, al decidir su destino. Pero no eran los destinos individuales de los hombres los que se predecían, sino los de todo un pueblo. Eran las aparentes irregularidades en el movimiento de los planetas, observables desde una Tierra supuestamente inmóvil, las que producían los cambios en la vida humana. Ésta es la razón por la que los fenómenos de aparición y desaparición de las estrellas y de los planetas en el horizonte, los eclipses y los cometas eran siempre eventos que causaban angustia y deseo de saber lo que sucedería.

Las primeras fuentes del zodiaco de las constelaciones datan del año 700 a. C., con el descubrimiento de tablillas de *Mul-Apin* y en ellas se revela que el Sol, la Luna y los astros móviles se desplazan a lo largo de un recorrido celeste que atraviesa quince constelaciones diferentes.

Los registros regulares de los eclipses comienzan en el 747 a. C. por los babilonios, quienes descubrieron el ciclo de repetición del fenómeno de 19 años de duración; por lo que en el año 500 a. C. se realizaron, a través de cálculos matemáticos, las *efemérides*, tablillas donde se grababan los valores temporales de los fenómenos astrales y permitían la predicción del momento en que se producirían de nuevo.

El sistema zodiacal normalmente conocido de los doce signos, de una duración de treinta días cada uno, se remonta al siglo v a. C.

El zodiaco, que puede ser traducido del griego tanto 'rueda de los animales' como 'ciclo de la vida', es un hipotético cinturón circular paralelo al ecuador que, cuando se cierra, tiene una anchura de 17°. Se cruza con la eclíptica solar, la trayectoria aparente del movimiento del Sol, y las órbitas de todos los planetas se mueven dentro de este cinturón. Las casas de los signos zodiacales son doce secciones de la franja imaginaria del intervalo de 30° cada una, y a cada una le corresponde un signo.

La primera es *Aries* y su intervalo espacio-temporal se inicia el 21 de marzo, el día del equinoccio de primavera. Cabe señalar que debido a la «precesión de los equinoccios», es decir, de la rotación de la Tierra, desde hace dos mil años, el día del equinoccio de primavera el Sol está en la casa de Piscis.

El primer horóscopo *ad personam* está fechado el 410 a. C.

Con el paso del tiempo, en el siglo III a. C., las prácticas astrológicas se extienden desde Oriente Medio a Europa, pasando por Grecia, donde eran utilizadas con el propósito de interpretar el destino basándose en la posición astral presente en la fecha de nacimiento.

Debido a la complejidad de los cálculos relacionados con este mántico, fueron computadas varias predicciones erróneas que causaron una pérdida progresiva de la confianza en esta materia, hasta negarla por completo por su falta de fiabilidad, su arrogancia y su intromisión en la vida cotidiana. Los romanos llegaron a expulsar a todos los astrólogos de la ciudad en el año 139 a. C. Sin embargo, la astrología no desapareció y, a lo largo de los siglos, debido a su flexibilidad, su aspecto místico e interpretativo y su estructura matemática, fue capaz de entrar y contaminar con sus raíces diferentes tradiciones filosóficas y religiosas como el cristianismo, en el que, durante el siglo II d. C., tuvo una explosión popular. También el judaísmo, el neoplatonismo, el estoicismo y la cultura egipcia recibieron la influencia de aspectos procedentes de la astrología.

Durante el Renacimiento las teorías del zodiaco adquirieron incluso un sentido de nobleza y se cultivaron y siguieron en las cortes de reyes y papas.

ASTROLOGÍA MÉDICA

Es interesante ver cómo en muchos tratados de medicina, desde la Grecia de la época clásica hasta finales del Renacimiento, las referencias astrológicas se intensifican hasta teorizar un verdadero fundamento astrológico de la medicina. La astrología amplía su espectro de influencia no sólo a los destinos humanos y a las capacidades intrínsecas de la persona, sino que llega a afirmar la influencia de los astros también sobre el proceso de concepción y de formación del embrión. La influencia del cosmos, de acuerdo con esta teoría, se produciría de mes a mes a través de un planeta diferente que, mediante la energía emanada, afectaría al proceso de gestación, hasta la formación completa del individuo.

Por el contrario, la literatura astrológica, desde la antigua hasta la moderna, incluye referencias a la medicina que confirman el hecho de que esta disciplina tiene como prerrogativa predecir el futuro terrenal del individuo y que, por lo tanto, no puede no tener en cuenta las implicaciones puramente médicas para llegar a captar la duración de la vida y el desarrollo de las enfermedades.

La astrología llamada médica también tiene estos orígenes antiquísimos. Sabemos que esta ciencia era del dominio total de los egipcios. Hay mitos que hablan del dios Thot, a quien se atribuye la paternidad de las artes y de las ciencias, incluyendo la de curar y sanar a los enfermos con la ayuda de la astrología. El egipcio Ptolomeo, astrónomo, matemático y astrólogo, confirma esta creencia al afirmar en su *Tetrabiblos*[22] que sólo los egipcios eran capaces de practicar la medicina astrológica, porque únicamente ellos conocían todos los secretos. Haciendo referencia a ellos Ptolomeo afirma:

> No habrían puesto a punto algunos medios para prevenir o evitar o remediar las dificultades que se avecinan debido al estado del cielo si creyeran que el futuro no se puede cambiar. En cambio, han considerado la posibilidad de resistir a los decretos del destino con una acción contraria a la natural; unieron la predicción astronómica a la medicina, en lo que llamaron *iatromathematica* (astrología médica), para el beneficio y la utilidad de todos.

En *Tetrabiblos* se encuentran explicadas también cuáles son las bases sobre las que se fundamenta la astrología médica, a saber: «los signos indican el área anatómica afectada, de acuerdo con la parte del cuerpo asociada con ellos, mientras que los planetas indican sobre todo las causas y la naturaleza de tales enfermedades».

Por desgracia, los documentos que se conservan del antiguo Egipto son raros y, a menudo, apócrifos. Sin embargo, en el texto alemán de Ernestus Riess, *Nechepsonis et Petosiridis fragmenta magica*, se reúnen fragmentos de una obra monumental sobre la medicina egipcia atribuidos al sumo sacerdote Petosiris, el astrólogo del faraón Nequepso, que vivió en la época de Alejandro Magno. Otros documentos importantes son los papiros egipcios conservados en el Museo Británico de Londres.

Especialmente durante el Renacimiento la conexión entre medicina y astrología es muy evidente en los escritos de los autores en los que coexisten estas dos disciplinas y se apoyan de manera recíproca. Los textos en los que está presente este nexo se pueden dividir en dos grupos. La tradición helenística y árabe ha dado lugar a un tipo de literatura que se puede encontrar desde la Antigüedad hasta el Renacimiento, y que se expresa en el *homo signorum*, o el hombre zodiacal. Encontramos ejemplos de la representación del cuerpo humano en relación con los signos del zodiaco ya en el segundo y cuarto libro de la *Astronomica* de Manilio (poeta romano de lengua latina que vivió entre los siglos I a. C. II a. C.) y en la *Antología* de Vettius Valens (astrólogo latino que, según algunos historiadores, habría vivido en la época de Constantino en el siglo IV d. C.). De acuerdo con esta tradición, a cada una de las partes de la anatomía humana le correspondería un signo del zodiaco. Desde Aries, que corresponde a la cabeza, hasta el signo de Piscis, que preside los pies. Esta doctrina toma el nombre de *melothesia*. También los planetas entran en esta correspondencia, ya que no están exentos de las correlaciones que tienen, a través de su influencia, sobre las partes del cuerpo humano y sobre las enfermedades.

Por otro lado, los médicos Hipócrates (siglo V-IV a. C.) y Galeno (siglo II d. C.) son los fundadores de una tradición textual especialista en medicina astrológica. Su especialidad era el estudio de las influencias lunares y solares en el equilibrio de los humores corporales. Estas influencias permitirían el cálculo de los días críticos y de las patologías febriles que, a través de la astrología, podrían preverse.

LA TEORÍA HUMORAL DE HIPÓCRATES Y GALENO

De acuerdo con el médico griego Hipócrates de Cos (460-377 a. C.), las tipologías humanas se dividen en cuatro. En esta miniatura, extraída de un texto francés del siglo XV titulado *Calendrier des berges*, las podemos ver representadas. De izquierda a derecha se encuentra el colérico, el sanguíneo, el flemático y el melancólico. En la imagen se pueden ver bajo sus pies los elementos naturales asociados a ellos –el fuego, el aire, el agua y la tierra, además de los animales–, mientras que los objetos que tienen en sus manos caracterizan la naturaleza (por ejemplo, el colérico está siempre dispuesto a sacar su espada). En la Edad Media se creía que la causa de la enfermedad era el desequilibrio en el cuerpo de uno de estos cuatro humores que estaban relacionados con otros tantos fluidos: la sangre con sede en el corazón (sanguíneo), la flema con sede en la cabeza (flemático), la bilis amarilla con sede en el hígado (colérico) y la bilis negra con sede en el bazo (melancólico). Por lo tanto, se puede entender cómo la teoría humoral influía mucho en la medicina. Además de la explicación puramente física, esta teoría explicaba las características psicológicas del individuo que, de acuerdo con el temperamento al que pertenecía, se creía que estaba más predispuesto a una actitud que a otra. Incluso hoy en día los adjetivos que describen estas actitudes se han mantenido en el lenguaje común.

En la Roma del emperador y filósofo Marco Aurelio, el médico de la corte Galeno extendió la teoría de Hipócrates del punto de vista astrológico asociando los planetas que «gobernarían» a los humores. Galeno afirmaba que Saturno gobernaba la melancolía porque se asocia a la tierra; la Luna a la linfa porque se corresponde con el elemento agua; Marte a la bilis amarilla, porque se asocia al fuego; Júpiter al aire, que corresponde a la sangre. Estas teorías fueron dominantes hasta el Renacimiento, también fueron objeto de estudio de la medicina tradicional mediterránea, y contribuyeron a fundar la *astrología médica.*

CECCO D'ASCOLI (Francesco Stabili)

Doce partes de la octava esfera
son causa de nuestros miembros:
cada una tiene una forma verdadera de crear,
en ellas hay cualidad y maldición,
por la virtud divina se recuerda
su parte con actos brillantes.
La estrella tardía la memoria pone
en el concepto; Júpiter es por lo que crece;
Mercurio mueve el acto de la razón;

Marte forma el ímpetu con la ira;
el tercer cielo el apetito mece;
el primer genio el Sol espira;
la Luna mueve natural virtud.
Cada planeta con las octavas luces
dispone el mundo con su mirada.
Toda creación se corrompe en el tiempo.
Pasar los actos humanos como vapores:
hay quien se va tarde y quien se va temprano.

Cecco d'Ascoli, *Acerba*, II, 2 (vv 793-798; 871-882).[23]

Estos versos sobre la influencia planetaria en el nacimiento del hombre de Cecco d'Ascoli, médico, astrónomo y astrólogo, condenado y quemado en la hoguera en 1327 en Florencia por haber teorizado «cosas vanas y en contra de la fe» (Villani, *Istorie fiorentine*) expresan algunos principios que subyacen en la posibilidad misma de la aplicación de la astrología a la medicina desde la Antigüedad hasta el Renacimiento. Del poema se deducen dos cuestiones fundamentales para los médicos y los astrólogos de la época. Por un lado, tenemos el vínculo entre el macrocosmos de los cielos y el microcosmos representado por el cuerpo humano. Este último se somete a las mismas reglas que gobiernan el universo en el que nace, crece y muere. Por otro lado, pone de relieve el principio de la corruptibilidad de la materia con el tiempo, causa de la enfermedad, en contraposición a la perfección y la eternidad de los cuerpos celestes. Como los astros son perfectos, perfecta y necesaria será su causa en el mundo sublunar y en el hombre; pero los efectos de los movimientos de los cuerpos celestes operan en un mundo material que se genera y se corrompe incesantemente: por esta razón, la predicción astrológica nunca podrá ser precisa en la práctica, porque estará influenciada por variables accidentales y ambientales que, cuando se aplican al hombre y a su estado de salud, es principalmente la tarea del médico estudiar y definir.

CORRESPONDENCIAS ZODIACALES EN EL CUERPO HUMANO

PRIMAVERA

ARIES

ÓRGANOS: boca, sangre, pericardio.

ESQUELETO: cabeza.

Asociado a Marte, planeta titular del oído izquierdo, los riñones, las venas y los órganos genitales masculinos, gónadas y glándulas sexuales, Aries es el signo que controla la cabeza y el cerebro. Instintivo y atrevido, reacciona a sus impulsos sin razón y, de hecho, personifica la naturaleza instintiva.

TAURO

ÓRGANOS: garganta, laringe, cuerdas vocales, lengua, ojos.

ESQUELETO: cuello.

Regido por el planeta Venus, Tauro se asocia al cerebelo, al cuello, a las orejas, a la mandíbula inferior y a la garganta. Este signo afecta a la función de la glándula paratiroidea, que regula el nivel de calcio y de líquidos. Los nacidos en los últimos 10° de este período están fuertemente conectados a la garganta, a menudo son grandes comedores, a las cuerdas vocales y a la tiroides. Práctico y directo, personifica la alimentación adecuada del cuerpo y del alma.

GÉMINIS

ÓRGANOS: sistema nervioso, timo y pulmones.

ESQUELETO: brazos.

Vinculado a Mercurio, controla los pulmones, los bronquios, los hombros, las extremidades inferiores. Gestiona procesos mentales rápidos y eficientes, y la dinámica de comunicación. Ptolomeo también asociaba a este signo la lengua, la bilis y las nalgas. Existe la opinión muy extendida entre los astrólogos de que este signo domina el sistema nervioso.

VERANO

♋ Cancer

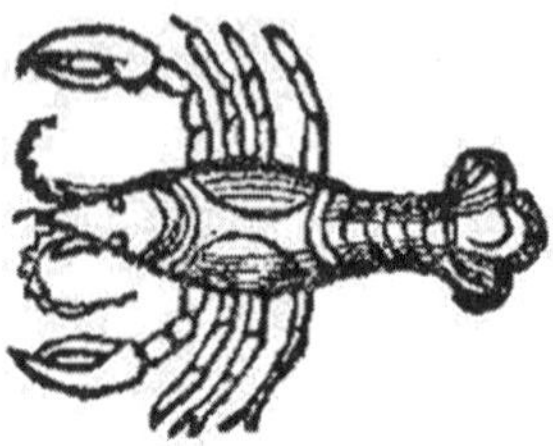

CÁNCER

ÓRGANOS: estómago, duodeno, cerebro y médula espinal.

ESQUELETO: primer cuarto de la columna vertebral superior.

Bajo la influencia de la Luna, Cáncer controla el pecho, el estómago, los senos, el sentido del gusto, la parte izquierda del cuerpo, el tracto digestivo y, de acuerdo con la astrología moderna, todo el aparato digestivo. El intervalo espacio-temporal de este signo se divide en tres partes iguales asociadas a diferentes zonas del cuerpo: la primera al pecho, la segunda al estómago, la tercera al vientre y, en sus últimos grados antes de Leo, a la vena aorta. Su personificación es el símbolo del arquetipo de la madre e influye en la importancia de la familia en el espíritu y la mente.

♌ Leo

LEO

ÓRGANOS: arterias y corazón.

ESQUELETO: segundo cuarto de la columna vertebral superior.

El astro que rige a Leo es el Sol. Bajo su influencia controla, de acuerdo con la teoría de Ptolomeo, el cerebro, el corazón, los tendones y el lado derecho del cuerpo. También está conectado a la totalidad del sistema inmunológico y a las glándulas endocrinas. En el ser humano simboliza la capacidad de amar y la procreación.

VIRGO

ÓRGANOS: peritoneo e intestinos.

ESQUELETO: tercer cuarto de la columna vertebral.

Virgo está regido por el planeta Mercurio. En la división en partes iguales del espacio-tiempo de su casa gobierna en la primera parte en la punta de los dedos, en el intestino delgado y en el duodeno, en la segunda en el dorso de las manos, y en la última en el intestino grueso, en el colon y en las palmas de las manos. En el individuo simboliza el misticismo, la lógica, la precisión y el dualismo dependencia-independencia.

OTOÑO

LIBRA

ÓRGANOS: control hidrosalino, riñones, glándulas suprarrenales, túbulos.

ESQUELETO: columna vertebral, parte inferior por encima del coxis.

Al igual que Tauro, Libra también está controlada por Venus. En su tripartición influye en los primeros 10º a la vejiga, a la uretra y a la vesícula biliar, en los segundos al hígado y páncreas, y en los últimos a los riñones. Representa la constante búsqueda de equilibrio entre la racionalidad y los sentimientos, y tiene la capacidad de influir o ser influido.

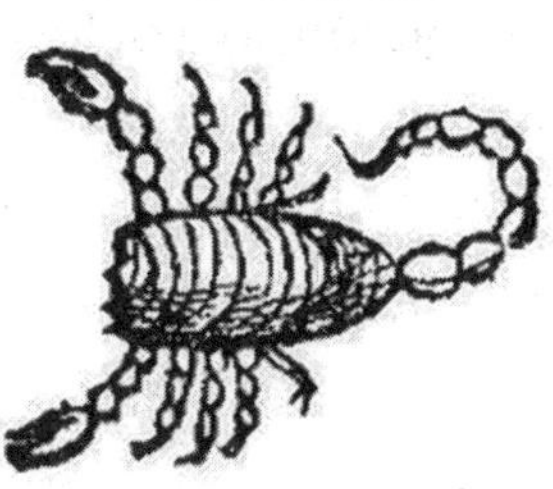

ESCORPIO

ÓRGANOS: órganos femeninos, testículos, ano, intestino ciego.

ESQUELETO: coxis.

El planeta de referencia de este signo es Plutón. Su casa influye en la primera fase a las glándulas de secreción externa y a los testículos, en la segunda y en la tercera al recto y al ano. El hombre nacido bajo este signo es agresivo y autodestructivo con actitudes rebeldes, de transformación y de cambio. Simboliza el instinto primario de la reproducción.

SAGITARIO

ÓRGANOS: hipotálamo, hígado, órganos masculinos, bulbo raquídeo.
ESQUELETO: cadera, piernas.
Asociado a Júpiter, Sagitario controla las extremidades inferiores y sus estructuras internas: músculos, rótulas, huesos, tendones y nervio ciático. Influye en el hígado, las arterias, el esperma y la glándula pituitaria. En el individuo expresa la amabilidad, los estudios nobles y los ideales elevados.

INVIERNO

CAPRICORNIO

ÓRGANOS: vesícula biliar, bazo, cuerpo calloso y cerebelo.
ESQUELETO: rótula.
Perteneciente a Saturno, controla las rodillas (como Sagitario), los huesos y los dientes e influye en el bazo, en la vesícula, en la mucosidad y en el lóbulo anterior de la glándula pituitaria. Se refleja en la estructura muscular y en su fuerza. En su expresión humana se caracteriza por el deseo de interacción, del sentimiento de posesión y en la confianza en uno mismo.

ACUARIO

ÓRGANOS: venas, sistema linfático, páncreas, músculos de las piernas.

ESQUELETO: tibia.

Gobernado por Urano, Acuario no tiene ninguna correspondencia específica con la anatomía del cuerpo humano. Probablemente se relaciona con el sistema circulatorio venoso. En contraste, pero en colaboración con su signo opuesto, Leo, que controla la circulación sanguínea, domina el ritmo cardíaco, la fluidez y la densidad de la sangre, la agregación de plaquetas y los electrolitos. En el hombre simboliza las amistades, las esperanzas y los proyectos.

PISCIS

ÓRGANOS: pechos, sistemas simpático y parasimpático.

ESQUELETO: tobillos y pies.

Regido por Júpiter y Neptuno, este signo controla sobre todo los pies, más concretamente en los primeros 10° de su fase las puntas de los dedos, las secreciones glandulares y hormonales, en los segundos el arco del pie y los ganglios linfáticos, en los últimos el talón. Es la causa de la acumulación de grasa y líquido en los tejidos y órganos del cuerpo. Su manifestación representa el caos, la confusión y todo lo que no se comparte con los demás.

La siguiente tabla muestra las relaciones entre los siete planetas y sus características simbólicas con la anatomía del cuerpo. Estos principios de la astrología caldea aún se utilizan y estudian en la alquimia y en algunas escuelas de naturopatía hoy en día. La clasificación de la lista está determinada, en orden ascendente, a partir de la velocidad de movimiento de la revolución aparente de los planetas alrededor de la Tierra.

PLANETA	CARACTERÍSTICAS	ÓRGANOS
Saturno	rigor, perseverancia, soledad, concreción	huesos, bazo, sistema sensorial
Júpiter	justicia, moral, expansión, prosperidad, suerte, optimismo	hígado, cerebro, sistema vegetativo
Marte	acción, energía, coraje, tenacidad, determinación	músculos, arterias, sangre
Sol	libre determinación, fuerza, generosidad, positividad	corazón, sistema circulatorio
Venus	amor, sentimientos, armonía, belleza	garganta, sistema venoso, riñones
Mercurio	inteligencia, astucia, elocuencia, velocidad de acción	membranas mucosas, glándulas, pulmones, nervios
Luna	sensibilidad, emoción, fluidez, mutabilidad	piel, genitales, estómago

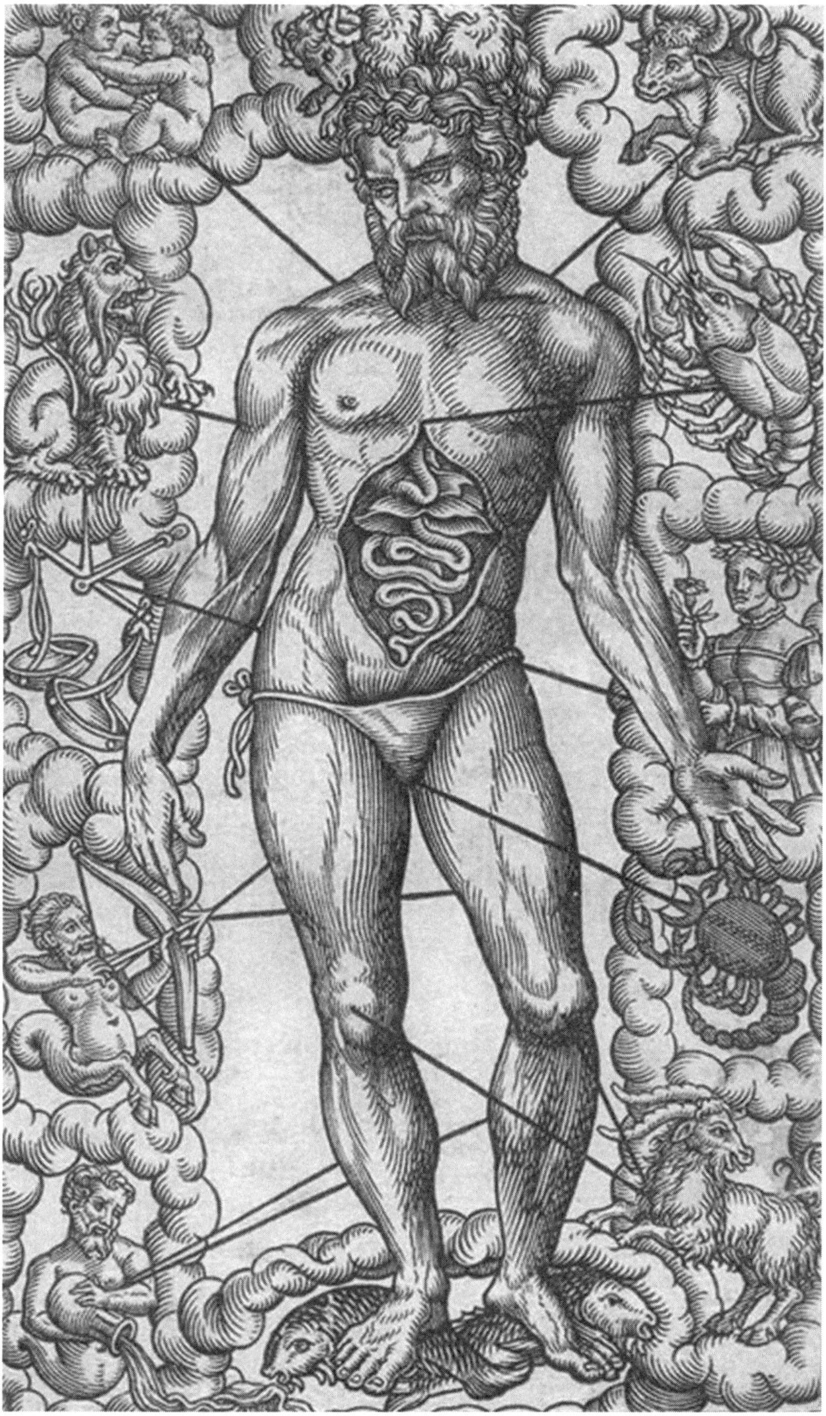

X

SUMMA SIMBOLICA

Anatomiae Occultii

SUMMA SIMBOLICA

La iconografía y la iconología utilizan la imagen, ya sea una obra de arte o no, como fuente histórica *sui generis* para reconstruir el pasado. El significado de los dos términos y su diferencia se establecieron en 1928 por Hoogewerff en una conferencia dedicada al tema en Oslo (definición retomada por Panofsky,[24] en el año 1955); la distinción es la misma que existe, de acuerdo con la comparación establecida por el investigador, entre la geografía y la geología: la primera trata del aspecto exterior de un fenómeno, la segunda examina las estructuras internas. Reconocer en la figura de una mujer con un bebé en sus brazos a la Virgen y a Cristo es el cometido de la iconografía; extraer del cambio de posición de una con respecto al otro la luz de una nueva actitud mental y emocional, síntoma de una situación diferente en la historia de la cultura y las ideas, es en cambio cometido de la iconología.

Uno de los conceptos clave de la investigación iconológica es el de la forma simbólica que Panofsky recuperó de la *Filosofía de las formas simbólicas* (1923) del filósofo Ernst Cassirer (1874-1945), precisamente durante sus frecuentes visitas a la biblioteca del Instituto Warburg en Hamburgo. Para el filósofo alemán la forma simbólica significa «toda energía del espíritu mediante la cual un contenido significativo espiritual está conectado a un signo sensible concreto íntimamente relacionado con ese signo», es decir, la actividad (Cassirer utiliza el término «energía» del griego *energeia*, 'actividad', 'proceso') del espíritu humano que se realiza en la formación de significados simbólicos y objetos a través de los cuales el hombre aferra, explica la realidad y trata de poner orden en el caos de la experiencia. Tenemos, por lo tanto, un símbolo cuando un signo –por ejemplo, un sonido emitido por la voz– se convierte en portador de significado, se transforma en un lenguaje que expresa cualquier contenido del pensamiento y lo comunica; la expresión *forma*, sin embargo, en la terminología de Cassirer, designa cualquier actividad espiritual que da lugar a una configuración de la realidad independiente.

Cassirer describe tanto el concepto general de la civilización, recogido en un área uniforme de las diferentes expresiones de la espiritualidad humana, es el concepto del hombre como creador de cultura:

> [El hombre] ya no vive en un universo puramente físico sino en un universo simbólico. El lenguaje, el mito, el arte y la religión son parte de este universo, son los hilos que conforman el tejido simbólico, la trama enmarañada de la experiencia humana. [...] Estas formas son esencialmente formas simbólicas. En lugar de definir al hombre como un animal racional, por tanto, debe definirse como un animal symbolicum. De esta manera se mostrará lo que realmente lo caracteriza y lo diferencia en comparación con todas las demás especies, y se podrá entender el especial camino que ha tomado el hombre: el camino hacia la civilización.[25]

La interpretación iconológica tiene como objetivo captar el significado intrínseco o el contenido del sujeto, es decir, entendiendo por contenido «el mundo de los valores simbólicos» de las imágenes o formas simbólicas, en las que se revela la actitud fundamental de una nación, de una época, de una clase, de una convicción religiosa o filosófica.

Es por ese motivo que elegimos el término *iconografía del cuerpo humano* para explicar la labor de interpretación del complejo dibujo que está en la base de este tratado. A través de éste, de hecho, es posible realizar un trabajo de reconstrucción histórica que nos permite comprender la forma de concebir el cuerpo humano de núcleos heterogéneos de culturas diferentes entre ellas en cuanto a localización geográfica, historia y creencias religiosas. La anatomía humana posee muchos significados ocultos y correspondencias secretas: cada objeto real, en nuestro caso cada parte del cuerpo, tiene un significado metafórico y oculto.

En esta visión todo es símbolo porque todo lo que existe se crea bajo la matriz de unos pocos arquetipos fundamentales y, en última instancia, conduce a los mismos; la realidad se divide en muchos planos y niveles, lo que sucede en el nivel inferior (material) corresponde a lo que se ha movido a los niveles superiores (etéricos, astrales, mentales, espirituales). Por ejemplo, en el ámbito médico, una enfermedad física simboliza un conflicto en el plano psíquico, por lo que si tenemos un problema en la rodilla sabemos que la personalidad ha sufrido un conflicto de competición, que se ha demostrado poco flexible.

El objetivo de un investigador es reconocer e integrar todos los arquetipos fundamentales de la realidad y los símbolos correspondientes, más allá de todo juicio; la comprensión de todas las facetas de la realidad permitirá así entender lo que realmente somos y conocer al divino que llevamos dentro de nosotros, síntesis última de todas estas facetas. Como se indica en el Evangelio gnóstico de Felipe, la verdad no se puede transmitir con palabras, pero puede ser abordada gracias a los símbolos.

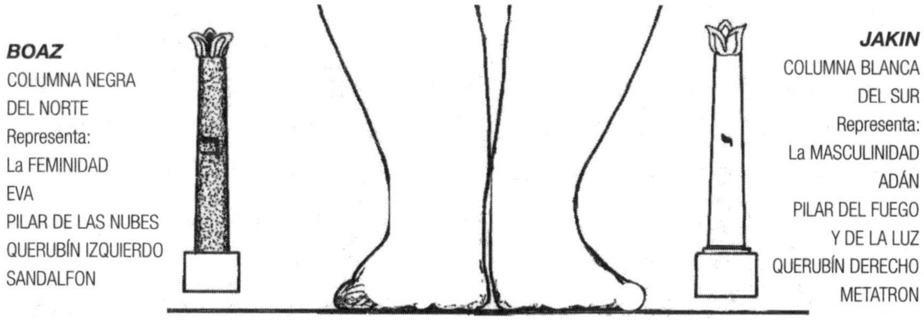

LAS COLUMNAS DEL TEMPLO DE SALOMÓN

En el mapa de la *anatomía oculta* el cuerpo humano se identifica con el Templo de Salomón. Las dos columnas que se encuentran en su entrada no tienen la función de sostén, sino de delimitar el espacio de lo profano separándolo del de lo sagrado. A través de esta puerta se accede a la dimensión infinita. El iniciado está seguro de aquello que está dejando atrás, pero no sabe lo que encontrará en el interior. Un paso que despierta temor y asombro en cuanto, una vez dentro del templo, no se puede volver atrás y ni siquiera permanecer a este lado o al otro de las columnas. No se puede meter lo que debe estar fuera, ni sacar lo que tiene que permanecer en el interior: las columnas marcan simplemente la frontera y el principio incontrovertible de la iniciación.

También en los templos masónicos las columnas son las del Templo de Salomón, *Jakin* y *Boaz,* que a menudo se colocan al oeste, donde se pone el sol. El masón, al pasar las columnas, deja atrás el mundo finito y se vuelve hacia el este, por donde sale el sol, el origen de todo, incluyendo el camino interior del iniciado.

Los libros de los reyes describen la construcción de las dos columnas y su colocación:

> El rey Salomón hizo venir de Tiro a un tal Hiram, hijo de una viuda de la tribu de Neftalí, de gran habilidad técnica y con mucho talento, competente en todo tipo de trabajos en bronce. Fue con Salomón, e hizo su trabajo. Hizo dos columnas de bronce, cada una de las cuales medía dieciocho codos de altura y doce de circunferencia y nueve centímetros de espesor, en el interior estaban vacíos. Hizo dos capiteles de bronce fundido para ser colocados en la parte superior de las dos columnas, los capiteles medían cinco codos de altura cada uno. Fundió también dos redes, trabajó con frisos de entrelazado y festones a modo de cadenas, para adornar los dos capiteles puestos encima de las columnas. Asimismo, hizo granadas en dos filas, una encima de la otra. Eran doscientas granadas en dos hileras alrededor de cada capitel, unas cuatrocientas. En los capiteles,

puestos sobre las columnas, se añadió un trabajo en forma de lirio y esta estructura medía cuatro codos. Salomón hizo entonces plantar las dos columnas frente al pórtico del templo: erigió la columna de la derecha y le dio el nombre *Jakin*, y luego erigió la de la izquierda y la llamó *Boaz*. Después, en la parte superior de las columnas colocó el trabajo del lirio. Así se terminó el trabajo de las dos columnas.

(Del *Primer libro de los reyes*, 7, 13-23).

El término *Jakin* significa «él establecerá» y Boaz significa «en la fuerza». El significado original puede interpretarse como la estabilidad que Dios da al templo, considerado como mundo ideal, a través de su fuerza. Desde el punto de vista simbólico, sin embargo, se han atribuido muchos otros significados a las dos columnas.

La «J» inicial de *Jakin* corresponde al *Jod*, símbolo de sexo masculino. La inicial «B» de *Boaz* corresponde a *Beth*, que significa 'casa', 'receptáculo', 'cueva', de aquí la idea de útero. En conclusión, las dos columnas situadas delante del templo de Salomón, de acuerdo con el valor interpretativo más amplio, simbolizan el secreto de la continuidad del mundo, bajo las reglas «fuerte y sólidamente» fundadas por Dios.

En la masonería las columnas del templo de Salomón tienen un significado muy relevante y de primer plano.

En el segundo grado masónico, «B» y «J» poseen un significado sexual; la columna «B» en su forma dórica con el capital coronado por el mapamundi simboliza el falo, que es la masculinidad; mientras que la columna «J» en su elegante forma jónica, con el capitel de dos espirales, representa el símbolo de la feminidad, y las tres granadas abiertas y llenas de frutos simbolizan la fertilidad.

En el tercer grado, las columnas «B» y «J» simbolizan la armonía de los opuestos que sólo se alcanzan en el reino del espíritu después de haber obtenido el control de la parte material y de la parte psíquica.

En el Tarot, las dos columnas están dedicadas al segundo de los Arcanos Mayores, el que comúnmente se denomina «Sacerdotisa». La mujer, en las barajas de Oswald Wirth y Rider Waite, se sienta en un trono entre las dos columnas del templo. Es la guardiana del umbral, la que permite el acceso sólo a los iniciados. En este caso las dos columnas quieren ser un símbolo de la bipolaridad, pero también representan los dos solsticios: los puntos de detención del Sol. En el solsticio de verano la estrella alcanza su punto máximo y comienza el camino de descenso, hacia la sombra. En el solsticio de invierno, en cambio, el Sol está en su punto más bajo y comienza el ascenso que cerrará el ciclo anual.

En algunas barajas el rostro de la sacerdotisa se representa con velo, de modo que nadie puede mirarla a los ojos. Esto pone de relieve una separación entre este mundo y el misterioso y desconocido que hay más allá del umbral del templo. Una vez dentro, no se puede volver atrás.

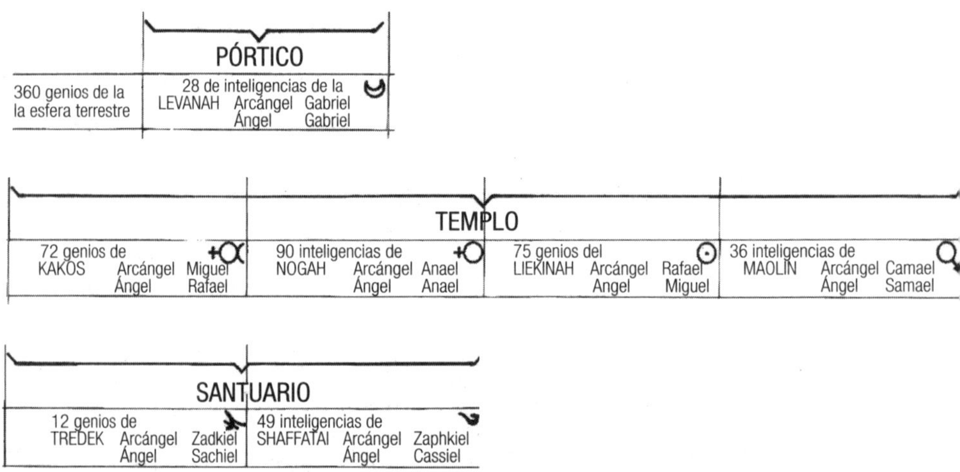

El mapa de la *anatomía oculta*, siguiendo este patrón, divide simbólicamente las partes anatómicas humanas comparándolas con las zonas del Templo de Salomón y del mítico Castillo de Camelot. El pórtico, dominado por las veintiocho inteligencias de la Luna, por lo tanto, corresponde a los pies, vistos como primer paso para «entrar» y luego ascender hacia el santuario (en el caso del Templo), o hacia la Sala del Rey (en el caso del Castillo). En la parte que va desde las piernas hasta el pecho se encuentran el Templo y el Castillo, que se rigen por los genios y por las inteligencias de los planetas Mercurio, Sol, Venus y Marte. El Castillo de Camelot, en concreto, está dividido en estancias (*la sala de la señora de los bosques* contiene las *Sefirot Netzaj* y *Hod*; *el altar de los perfumes* correspondiente a la *Sefirah Tiferet*; *la sala del gobierno del Rey* contiene los *Sefirot Hessed* y *Guevurah*). La parte más sagrada e inviolable de las construcciones (el *Sancta Sanctorum* en el caso del Templo de Salomón y la *Sala del Rey y de la Reina*, que contiene los principios masculino y femenino de *Jojmá* y *Binah*, en el caso del Castillo) se encuentra, en cambio, desde el tórax hasta la cabeza.

EL PENTÁCULO

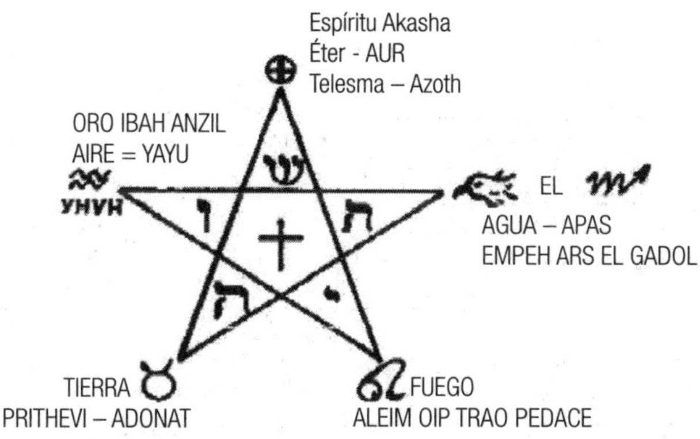

El pentagrama, o pentáculo, es un símbolo recurrente en muchas civilizaciones antiguas y a lo largo de los siglos ha adquirido un inmenso valor en las ciencias esotéricas. Su significado se refiere a la relación más profunda entre el hombre y el macrocosmos. Las cinco puntas de la estrella representan al ser humano con los brazos y las piernas abiertas. Pero encontramos la estrella de cinco puntas ya presente en la antigua cultura egipcia, en la que era la imagen de Horus, hijo de Isis y Osiris. Aquí encarnaba la materia primera, el fuego sagrado, la fuente inagotable de la vida y la semilla universal de todos los seres.

Para la escuela pitagórica, el pentáculo colocado dentro de un círculo constituía un signo de reconocimiento. Jámblico dice, sobre el pentagrama: «Un pitagórico sin dinero enfermó en un albergue. Como se sentía cerca de la muerte invitó al posadero, que había cuidado de él, a exponer el pentagrama fuera del albergue. Mucho más tarde, otro pitagórico que pasaba por allí vio el símbolo, le pidió la explicación al dueño y lo recompensó generosamente por la ayuda que había dado a su compañero».

En la Edad Media muchos autores importantes adornaban las primeras páginas de sus manuscritos con estrellas de cinco puntas: creían que esto les aseguraba el éxito de su trabajo y que confería su dominio total sobre los espíritus de la naturaleza.

Ése es el concepto que subyace tras el uso del pentáculo en la magia ceremonial. A cada punto de la estrella le corresponde un elemento de la naturaleza y el nombre de la entidad que lo gobierna. El principio de la *Akasha* (el quinto elemento, el éter que gobierna sobre los otros cuatro) se coloca en la punta superior.

Puesto derecho indica el completo dominio de las fuerzas de la naturaleza. El hombre se pone en el centro como amo y señor de los secretos de la creación y de los propios instintos. Con la punta hacia abajo representa el caos y los impulsos instintivos más recónditos.

El *Dictionary of Mysticism* define el pentagrama de esta manera:

> [...] es considerado por los ocultistas el medio más poderoso para convocar a los espíritus. Cuando la estrella tiene la punta dirigida hacia arriba, se considera un signo del bien y una herramienta para invocar a los espíritus benévolos; cuando la estrella tiene la punta hacia abajo y las otras

dos en la parte superior, es el símbolo del mal, de Satanás, y se utiliza para convocar a los poderes del mal.[26]

El concepto masónico le da al pentagrama el significado especial denominado «número de oro», o «proporción áurea»: es la proporción hermética por la cual la parte menor está en relación con la mayor como la mayor lo está con el todo. Es lo que la geometría indica como la división de una línea recta en media y extrema razón. El valor numérico del número de oro es 1,618; y en la figura de la estrella de cinco puntas, cada uno de los lados de la estrella se divide por la adyacente en su sección áurea.

Las proporciones del número de oro se encuentran en todo lo que en el hombre crea una sensación de armonía y belleza, y su uso es de gran ayuda en la arquitectura. Para la masonería la estrella en llamas simboliza, desde el punto de vista esotérico, el genio humano, entendido como un rayo de luz divina. Representa el fuego filosófico de los alquimistas, es decir, la chispa vital comunicada por el Creador a la materia. En el interior de la estrella, partícipe de su luz, a menudo se encuentra la letra «G» (en latín o en griego), a la que se atribuyen diferentes significados: Dios, Gran Arquitecto del Universo, gloria, grandeza, gravitación, gnosis, geometría, genio y generación.

LA ESTRELLA DE DAVID

El hexagrama, también conocido como la estrella de seis puntas o *esalfa*, es un símbolo muy antiguo. Para los judíos representaba el reino judaico, y también era conocido como la *Estrella de David* o el *Escudo del arcángel Miguel*. Asimismo, se le llama, aunque incorrectamente, *Sello del Rey Salo-*

món. Esto se debe a que el símbolo aparece en el grimorio titulado *La llave de Salomón*, o *Clavicula Salomonis*. En la Cábala este símbolo representa la armonía del universo, en cuanto está compuesta de dos elementos iguales y opuestos: el triángulo apuntando hacia arriba, que simboliza el principio activo, masculino y beneficioso, y el triángulo que apunta hacia abajo, principio pasivo, femenino y maléfico. También se utiliza por la masonería, en particular, por la Gran Logia de Israel y por el Rito del Sacro Arco Real de Jerusalén.

En el ámbito de la alquimia, el símbolo es la unión del elemento de fuego (simbolizado por un triángulo equilátero con la punta hacia arriba) y el elemento agua (un triángulo equilátero con la punta apuntando hacia abajo) y significa el equilibrio cósmico. Como para el pentagrama, que cuando está rodeado por el círculo exterior toma el nombre de «pentáculo» y se utiliza sobre todo en el contexto de los rituales mágicos o como un signo sobre los talismanes, el hexagrama adquiere una connotación similar cuando está rodeado por un círculo que lo encierra. Fue utilizado como tal en el simbolismo de la alquimia, como signo general de arte espagírico.[27]

LA CRUZ

La cruz es un símbolo muy antiguo que se originó en Oriente. En su primera representación con el círculo y el cuadrado se remonta al siglo XV a. C.

Desde un punto de vista semiótico, en principio, los dos líneas cruzadas y perpendiculares podrían representar la dualidad cósmica o, de forma alternativa y relacionado con otros símbolos más complejos, el encuentro de la esencia femenina horizontal con la masculina vertical. En el mundo romano es la herramienta, aterradora y popular, que se usa para expiar las condenas; Cicerón también describe su naturaleza abominable: «Que el mismo nombre de la cruz se mantenga alejado no sólo del cuerpo, sino también del pensamiento, de los ojos y los oídos». La cruz mantiene esta acepción negativa y permanece fuertemente ligada a la muerte violenta incluso después de Cristo; por ejemplo, el famoso *Grafito del Palatino* retrata a un burro crucificado y las palabras «Alexamenos [nombre de la persona] venera a su dios». Debido a su reconocimiento, los cristianos prefirieron usar como símbolo secreto el pez en vez de la cruz hasta el siglo IV d. C.

La naturaleza original de este símbolo como medida universal del espacio en las cuatro direcciones ha conservado su significado en el tiempo desde la época cristiana (algunas culturas lo mantienen aún hoy en día).

Las cuatro dimensiones indicadas por la cruz se utilizaron para definir los cuatro elementos constitutivos del mundo y de los seres materiales: tierra, agua, fuego, aire. Sin embargo, éstos están dispuestos, como las direcciones, en pares opuestos y antitéticos. También los cuatro evangelistas oficialmente reconocidos utilizan esta disposición para colocar los símbolos que los representan.

En todas las ciencias sagradas la cruz representa la organización espacial y espiritual del mundo en las cuatro direcciones.

Gracias a la inscripción pompeyana del *Cuadrado Mágico* «Sator», datada con la erupción del Vesubio en el año 79 d. C., se puede suponer que, en realidad, la cruz se utilizó como un símbolo de las comunidades paleocristianas antes incluso del siglo IV.

En el simbolismo cristiano, además de la cruz y a menudo representada cerca, la marca de Cristo era el monograma χ (*Chi*) y ρ (*Ro*), que a su vez se parecen gráficamente a la misma cruz. También en la cultura egipcia la cruz tuvo un papel importante asociada a la diosa Isis, en su variante de *Ankh* asumía el significado de vida y salud. Algunas comunidades cristianas retomaron la imagen y la utilizaron para hacer que convergieran conceptos simbólicamente irreconciliables.

La representación gráfica de este símbolo ha asumido diferentes formas en diferentes culturas. Se pueden recordar sobre todo la cruz griega (con los cuatro brazos iguales), la latona, la copta, la rusa, la celta, la templaria, la de Malta, la de Lorena, la de san Pedro, la de san Andrés, la del lirio, la trifoliada, la pomesada, la espinada, la dentada, la anclada, y otras representaciones heráldicas interesantes. En algunos casos, también está representada por la espada, que es asimismo un instrumento de orden universal.

En los cultos orientales, la cruz gamada, tristemente conocida como el símbolo del nazismo, representa especialmente el sol y la luz con la energía que proviene de los mismos.

La última forma digna de nombrar es la cruz de san Antonio, que se deriva de la τ (tau), un signo similar a la T, que remite a la *crux patibulata*, es decir, la intersección entre el patíbulo (*patibulum*), la traviesa de madera horizontal que era transportada por el condenado sobre sus hombros, y la cruz (*crux*), que era en cambio el poste vertical plantado en el suelo. Esta variante de la cruz, además de objeto apotropaico, que a su vez servía para alejar el mal, era un emblema de varias órdenes de caballería, y es también un antiguo signo matemático que representa el número áureo. Más tarde fue sustituida por la letra griega φ (*phi*).

EL TRIÁNGULO

La figura geométrica del triángulo está estrechamente vinculada al número 3. Su simbolismo se encuentra en muchas tradiciones. Significa un vínculo entre lo bajo y lo alto, un movimiento ascendente hacia la trascendencia divina, el microcosmos que se eleva hacia el macrocosmos. Con el vértice hacia arriba (delta) es un símbolo de poder y de perfecta igualdad. En la alquimia los triángulos equiláteros representan, respectivamente, el elemento fuego (orientado hacia arriba, de acuerdo con la posición del principio más elevado) y el elemento agua (orientado en sentido descendente, de acuerdo con la jerarquía elemental, el principio húmedo más degradado).

En la tradición pitagórica, en la que se manifiesta como *tetraktys*, el triángulo simboliza el ascenso desde lo múltiple hasta el Uno. En la cristiana representa la Trinidad divina, arquetipo de la estructura triádica del ser, que se sustancia en pensamiento, amor y poder. La doctrina budista intuyó la reductibilidad de las formas geométricas, identificando en el triángulo una figura básica, perfecta, polivalente, siempre igual y siempre cambiante. El triángulo es la visualización racional del 3, es decir, del número perfecto; la unidad es una señal de insuficiencia, el 2 de oposición, el 3 de decisión y conclusión.

HARI OM TAT SAT

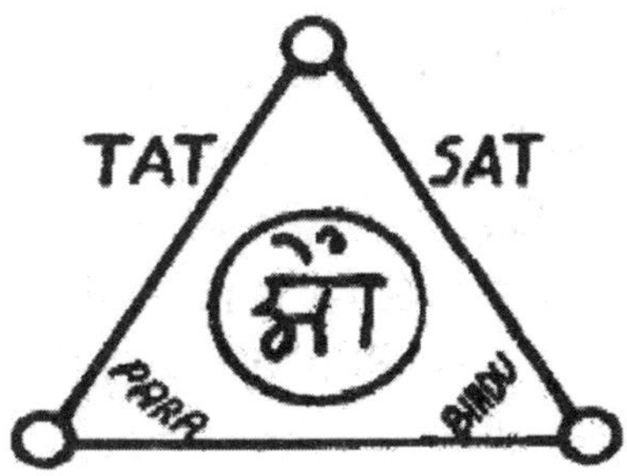

Mantra es una palabra sagrada que los hindúes repiten durante las prácticas de meditación.

En todo *mantra* se pronuncia «Om», que es el sonido de la vibración de la cual se origina el universo entero, es la sílaba del verbo inicial del que procede todo. Es la realidad imperceptible e intangible que transciende del Espíritu.

Las sílabas «*Hari*», sin embargo, recuerdan la vibración de lo que se revela a los sentidos, evidentes y perceptibles. A través de este sonido nace la creatividad.

El *mantra* «*Hari Om*» representa la naturaleza del mundo y es a la vez el tiempo físico y espiritual, inmanente y transcendente: esta dualidad elimina todas las fronteras en busca de la verdad de la «Realidad Última».

Tat Sat es la «existencia transcendental». Para entender esto, hay que recordar que en la filosofía los pronombres «éste» y «aquél» representan dos significados diferentes: el primero se refiere a todo lo que está cerca y es perceptible en el espacio y el tiempo, la creación concreta; el segundo indica todo lo que está lejos, imperceptible, el Creador sin tiempo. La esencia de *Sat* es eterna, continua. Mutable en la forma y en la sustancia, determina la realidad del tiempo: si la existencia no existe, tampoco el tiempo existe. Todo lo que se destruye en realidad no desaparece, sólo cambia de forma o sustancia. *Sat* es el concepto de la continuidad de la existencia de las cosas después de la creación y, en consecuencia, excluye a priori toda posibilidad de vacío, de la nada, de la no existencia.

PRINCIPIO LUNAR Y SOLAR

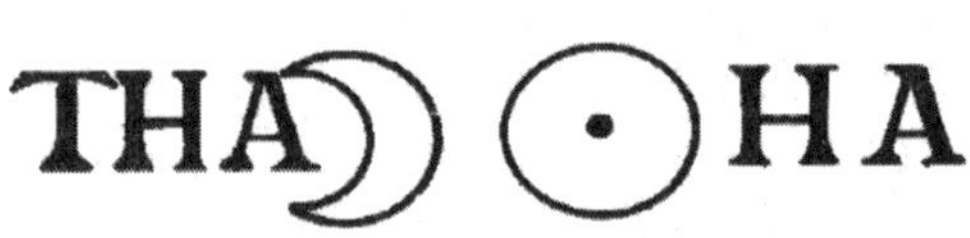

Hatha, que significa 'con fuerza, vigor', contiene un sentido simbólico de polaridad: *Ha* representa el principio solar, masculino, positivo y activo; *Tha,* la energía lunar, femenina, reflexiva y acogedora. Éstos son los opuestos de la naturaleza humana que los yoguis intentan transcender y unir. Las técnicas del *Hatha Yoga* (*asana*, *pranayama*, *mudra*, *dhyana*, etc.) son medios para transformar el cuerpo humano en un «cuerpo de diamante». De hecho, en el *Hatha Yoga* el cuerpo es el templo del Ser e instrumento indispensable para recorrer el camino que conduce a la libertad.

LA CRUZ GAMADA O ESVÁSTICA

Svasti es una palabra sánscrita que significa 'salud, prosperidad y fortuna'. El término «esvástica» simboliza la objetivación de estos tres significados y es representada como una cruz con los brazos de igual medida a partir de la culminación de los cuales una línea recta se extiende en un ángulo de 90° hacia la izquierda. Sus orígenes se remontan a períodos arcaicos: los primeros hallazgos se dan en Mesopotamia, en la cerámica elamita de Mussian Tepe. También en la antigua ciudad de Troya y en la isla de Creta, este símbolo se ha encontrado en varios objetos manufacturados. En la India, el budismo lo utiliza ya en el siglo VI a. C.

A principios del siglo XX, el esoterismo introduce la esvástica en la corte del zar de Rusia: la asociación da como resultado un aumento del significado hacia la pompa, el poder y el conocimiento. Con toda probabilidad, fue el orientalista Karl Haushofer quien la introdujo en el simbolismo oculto europeo.

El análisis del contexto de sus diversas representaciones ha llevado a los estudiosos a ponerse de acuerdo en que la esvástica es el símbolo primordial de la rotación y del movimiento y se asocia al sol y a su poder.

La representación más conocida es, sin embargo, la de la era moderna, donde, rodeada por una corona de hojas de roble y rematada por un águila, se convirtió en símbolo del poder y de la propaganda del Tercer Reich de la Alemania nazi.

ICONOLOGÍA DEL CUERPO HUMANO

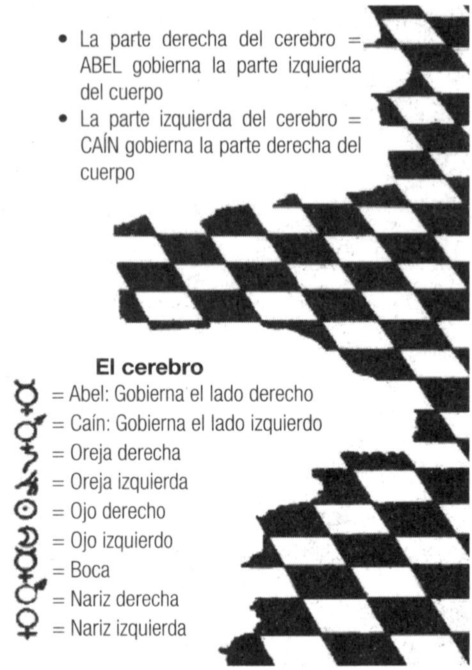

A continuación, analizaremos las diversas partes anatómicas presentes en la lista que aparece a la derecha del mapa. El análisis se refiere al simbolismo que las culturas, mitologías y religiones de todo el mundo han reservado a los elementos que componen el cuerpo humano. En la descripción del mapa, a cada parte anatómica se le asigna una característica «magnética», «eléctrica» o «neutra». Se hace referencia a algunas prácticas, tales como la magnetoterapia, que se basan en el hecho de que cada organismo genera su propio campo magnético y está expuesto a continuos estados de actividad y reposo, influenciados por estímulos externos tales como los que llegan a través de los alimentos, las bebidas, las emociones, la contaminación ambiental y electromagnética. Para el mantenimiento de un estado óptimo de salud, es necesario que estos campos magnéticos se mantengan en equilibrio. Sobre todo, porque cualquier distorsión en el campo magnético constante de un órgano durante un período de tiempo puede afectar negativamente a la funcionalidad del mismo. Las terapias que trabajan con el magnetismo están dirigidas a dar o quitar energía a un órgano que se encuentra en un estado hipo o hiperenergético.

Por lo tanto, en el cuerpo humano están presentes dos polos opuestos (como en la Tierra). Uno positivo en la parte superior de la cabeza y el otro negativo en la raíz de los pies. La rotación del campo magnético esférico da lugar a la distribución de la otra polaridad complementaria de la siguiente manera: + positivo en la cara anterior del hombre (cara, cuello, pecho, estómago, abdomen, muslos, piernas y dorso de los pies); – negativo en la cara posterior (cuello, hombros, espalda, nalgas, muslos, piernas, tobillos).

No vamos a ahondar más en el detalle de este tipo de cura porque no es éste el lugar. Reportamos, en cambio, el aparato simbólico continuando el trabajo de reconstrucción histórico-filosófico que este tratado intenta abordar.

CABEZA Y CEREBRO

La cabeza
Vista = eléctrica
Nuca = magnética
Parte derecha = eléctrica
Interior = eléctrico

La cabeza está relacionada con el principio de inteligencia y de concepto. Representa el intelecto, entendido como sucesión de pensamiento y acción. En la mitología, es posible ver cómo esta parte anatómica del cuerpo ha sido la estrella de varias vicisitudes que le dan un significado más profundo. La policefalia, o la presencia de múltiples cabezas en un solo cuerpo (ya sea animal o humano), se encuentra en muchas culturas y es, aunque no universalmente, un símbolo de omnividencia. Un poderoso símbolo que caracteriza la inteligencia propia de las divinidades, pero también del mismo hombre. La diosa griega Hécate, principio lunar por excelencia y reina de la noche y de la magia, se representa con tres cabezas (perro, serpiente y caballo). Divinidad psicopompa, es capa de viajar libremente entre el mundo de los hombres y el de los espíritus.

También Cerbero, el perro guardián del Hades, está representado con tres cabezas. La criatura monstruosa, fiel compañera de Hades, tenía el cometido de vigilar las orillas de la laguna Estigia para impedir que, una vez atravesada, las almas de los muertos pudieran volver al mundo de los vivos.

Cerberus también impedía que alguien todavía con vida cruzara la laguna.

Atenea, diosa de la inteligencia y de las artes, nació ya adulta de la cabeza de Zeus, que se había tragado a su primera esposa Metis (Consejo) por temor a que le diera un hijo superior a él. Con un hacha, Hefesto (o Prometeo) abrió la cabeza del dios, y de allí Atenea surgió cubierta con una armadura (casco y coraza). En la Biblia (en el primer libro de Samuel) se narra que el futuro rey David le cortó la cabeza al gigante filisteo Goliat; y que la joven viuda Judit (que da nombre al libro homónimo) le cortó la cabeza al general asirio Holofernes, que estaba a punto de devastar Judea. En la religión hinduista, Agni, divinidad guerrera del fuego, portador de luz y calor, está representado con dos cabezas que simbolizan su naturaleza dual, ya que es el hijo del cielo y de la tierra.

El cerebro está dividido en dos hemisferios: el derecho y el izquierdo. La parte izquierda es la del pensamiento racional, que hace posible las capacidades analíticas, lingüísticas y lógicas. La parte derecha es la sede del pensamiento creativo y genera la intuición, recibe el conocimiento, crea los pensamientos y analiza las imágenes a través del filtro de las emociones. Las culturas esotéricas aplican el dualismo cerebral a diferentes lecturas del universo. Por ejemplo, el sol y la luna. El primero, relacionado con el hemisferio izquierdo, es el símbolo de la razón (*logos*) que ilumina la oscuridad de la ignorancia. Representante de las características masculinas, se asocia a diferentes dioses: Osiris, Horus y Cristo. La luna, su opuesto, representa por el contrario la figura femenina, la intuición, los sueños, el inconsciente y los deseos. Las deidades relacionadas son Isis, Sofía y la Virgen y es el símbolo de la carta XVIII de los Arcanos Mayores del Tarot.

Antes de todas las ciencias, la tradición hermética ya había intuido que la naturaleza de los dos hemisferios cerebrales opuestos implicaba una dependencia recíproca: de la unión de estos dos mundos nace el Hermafrodita hermético, ser perfectamente equilibrado.

OJOS

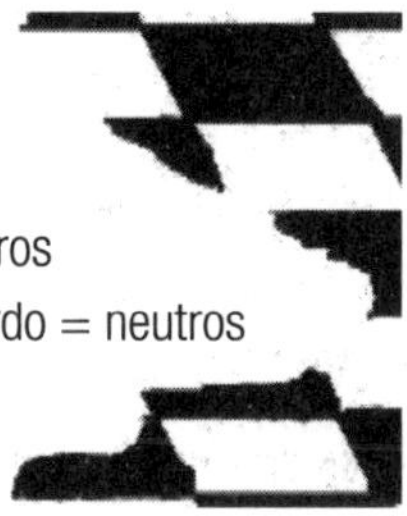

Los ojos
Aspecto y fondo = neutros
Lados derecho e izquierdo = neutros
Interior = magnético

La importancia del ojo como símbolo de la omnipresencia de la divinidad está presente, aunque de diferentes formas, en muchas culturas. Es una especie de advertencia, de astucia para recordar que hay una justicia universal y que los ojos de la verdad siempre nos están mirando. En la Antigüedad el ojo aparecía regularmente como una representación del dios Sol. Desde el Renacimiento se coloca en el interior de un triángulo, una clara referencia a la Trinidad. A menudo, dentro del triángulo, también aparecen las letras del tetragrama bíblico YHVH (Jahvé). Esta simbología fue transmitida después por la masonería que, con una síntesis sincrética, identifica el ojo con el Gran Arquitecto Universal, creador de la vida en todas sus formas, ya sean visibles o invisibles.

OREJAS

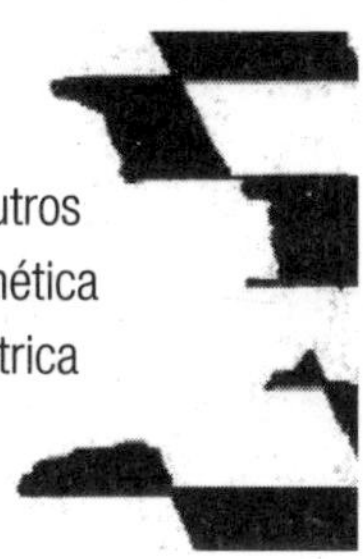

Las orejas
Aspecto y fondo = neutros
Oreja derecha = magnética
Oreja izquierda = eléctrica
Interior = neutro

La oreja es un órgano sensorial de gran importancia en las mitologías y en las religiones. Símbolo de la capacidad de escuchar, la obediencia y la devoción. En algunas poblaciones la oreja, en cambio, asume una connotación de simbolismo sexual, al ser un orificio. La tradición popular, por ejemplo, afirma que Cristo se encarnó en la Virgen María, a través del Espíritu Santo, quien la fertilizó a través de la oreja. En la Antigüedad, la perforación de la oreja tenía un significado de compromiso y de apropiación. En el Antiguo Testamento leemos que, al perforar las orejas de un sirviente, éste sería esclavo de su amo toda su vida. En la tradición europea los marineros perforaban sus orejas y llevaban un aro como símbolo de su unión con el mar. En la India cuando los lóbulos de las orejas se alargaban eran símbolo de sabiduría, así como en China y entre los incas del Perú. En la isla de Creta las estatuas de Zeus no tenían orejas, porque el padre de los dioses no debía escuchar ninguna plegaria en particular, sino ser propicio para todos en igual medida. En Esparta, por el contrario, se atribuían a Zeus cuatro orejas para recibir mejor las súplicas de los hombres.

BOCA Y LENGUA

La boca y la lengua
Aspecto y fondo = neutros
Lados derecho e izquierdo = neutros
Interior = magnético

La boca hospeda el encuentro, fundamental para el hombre, de las dos realidades que componen el universo: la materia, en forma de alimentos, y el espíritu, presente en el aire y en las palabras.

A través de la boca el individuo se alimenta, expresa su identidad y concretiza el Logos, los sentimientos y su cultura. Las esferas de los placeres de la garganta, de la sensualidad y de la sexualidad residen en este lugar donde se encuentran, al mismo tiempo, receptores y creadores.

Aquí se haya el único órgano del cuerpo humano que puede estar expuesto al exterior: la lengua. Rica en significados simbólicos en diferentes culturas, representa por lo general la fuerza agresiva y la sexualidad. Por ejemplo, en las costumbres y los ritos maoríes, mostrar la lengua era un gesto de desafío y provocación, mientras que en muchas expresiones de arte primitivo adquiere un simbolismo sexual. También la antigua deidad egipcia Bes aparece con la lengua expuesta, del mismo modo que se representa a Kali, la diosa hindú de la destrucción, y a Agni, el dios hindú del fuego, que además poseen siete lenguas (la asociación más común es la que existe entre la lengua y las llamas poderosas y destructivas).

En el Antiguo Testamento, Isaías describe la lengua de Dios como devoradora de fuego, y en el Nuevo Testamento, en los escritos de los Hechos de los Apóstoles, el lenguaje es un don divino dado en forma de lengua partida, que recuerda por su color y forma a las llamas.

Además de la fuerza y la destrucción, este órgano, por su función biológica y anatómica, representa la naturaleza del lenguaje, la elocuencia y sabiduría.

HOMBROS Y BRAZOS

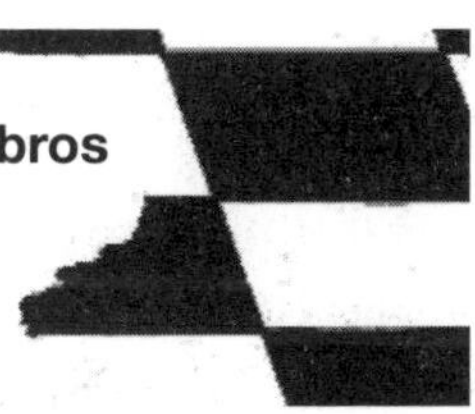

Los hombros
Eléctricos

Los hombros simbolizan la fuerza en potencia, la acción, el punto en el que nace el movimiento de la mano. Puede ser un instrumento de violencia y al mismo tiempo de apoyo al esfuerzo. La figura mitológica que mejor representa estas características es Hércules, el héroe de los «hombros anchos» que, gracias a su fuerza en combate, vence las debilidades y los miedos humanos a través de la realización de sus trabajos. Los hombros, como se ha mencionado antes, también expresan la capacidad de sostener las cargas de la vida y de soportar las dificultades: soportan las cargas que el hombre de «buenos hombros» porta por sí mismo y por los demás, como el titán Atlas que en las espaldas sostiene para siempre el peso del mundo. Son una toma de responsabilidad y conciencia hacia el propio deber.

Su significado negativo se expresa en el «gesto de encogimiento», entendido como indiferencia, y el de «dar la espalda a alguien», símbolo de abandono y huida de los propios deberes.

El gesto de levantar los brazos hacia arriba representa la rendición frente al enemigo y la sumisión a los dioses: se ofrece el propio poder a cambio de clemencia, indulgencia o como tributo a la superioridad de los dioses.

En hebreo, la traducción literal de hombro es *Sekhem*, que también tiene el significado de 'término y fin', y es la raíz del nombre Sichen, es decir, de la tierra prometida, ciudad mítica en la tierra de Canaán.

En la antigua tradición filosófica china los hombros representaban el destino, por lo que eran utilizados en rituales de adivinación para predecir el futuro.

MANOS

Las manos

Dorso y palma = neutros
Mano derecha = magnética
Mano izquierda = eléctrica
Interior = magnético

La mano es un símbolo de poder, ya que es la manifestación del soberano, es decir, un emblema real. Imponer la mano significa bendecir y conferir la propia fuerza a la persona así consagrada. Representa simbólicamente la transición de lo conceptual a lo real, de la idea a la realidad. En las interpretaciones simbólicas, la mano derecha y la izquierda tienen significados diferentes entre sí según las culturas y religiones que las elaboran. Para el judaísmo, la izquierda es la mano de Dios, la representación de la justicia, mientras que la derecha es el símbolo sacerdotal, de la misericordia. En el cristianismo, la derecha estructura y da orden al mundo, la izquierda lleva la Gracia. Con la imposición de manos se transmite el poder o el conocimiento a quien es digno de ello; con la imposición de manos el enfermo sana o «resurge», así que éstos eran los gestos del médico antes de que se diera la separación entre la religión y la medicina.

DEDOS

Cada dedo de la mano adquiere acepciones y significados diferentes en las distintas culturas religiosas y filosofías. En Mali, la tribu de los dogon creía que el dedo índice representaba la vida y el medio la muerte, mientras que los bambara utilizaban el dedo meñique como una varita mágica anatómica para lanzar hechizos. En la iconografía cristiana, los tres dedos centrales alzados representan la Trinidad. En la cultura ctónica cada dedo es la imagen de una deidad protectora diferente que conecta el mundo inferior con el terrenal. En astrología, cada deidad está conectada a un planeta y cada planeta a un dedo. En las culturas de origen griego, el anular es considerado el dedo médico y representa a Apolo, mientras que el índice representa a Júpiter y a Juno, y es una expresión de autoridad, reprensión, justicia y equidad: de hecho, los jueces, los emperadores y todas las autoridades lo alzaban cuando debían culpar a alguien o a alguna acción.

El dedo meñique pertenece a Mercurio en su excepción ctónica y a los órganos relacionados con esta deidad, es decir, los pulmones. El pulgar se relaciona con Venus en cuanto símbolo fálico y, por tanto, está conectado a los riñones. Los romanos llevaban en el pulgar un anillo de hierro, relacionado con Marte y Vulcano, para demostrar su virilidad.

El dedo medio representa a Saturno: los alquimistas usaban un anillo de oro en este dedo para simbolizar la regeneración, la creación y el nacimiento.

A nivel anatómico y energético el anular está conectado al corazón: el anillo de bodas se pone en el anular izquierdo de modo que el pacto de fidelidad permanezca siempre bajo el control del corazón.

GENITALES MASCULINOS

Genitales masculinos
Aspecto: eléctrico
Fondo = neutro
Lados izquierdo y derecho = neutros
Interior = eléctrico

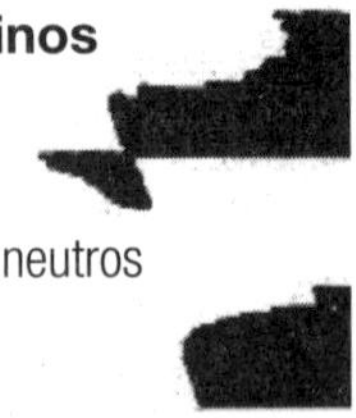

El término «falo» viene del latín *phallus*, del griego *phallós*, y conecta con la raíz del sánscrito *phalati* ('brotar', 'fructificar') o con la raíz *phal* ('inflar'). Entre las culturas antiguas se consideraba un símbolo de la generación de la vida. El culto al órgano reproductor masculino se asociaba al culto a la fertilidad. En el mundo griego clásico las *falloforias* eran procesiones en las que se transportaban falos de dimensiones enormes construidos en madera en honor a Dionisio y Príapo. Esto se hacía para propiciar los cultivos. De hecho, a menudo la procesión terminaba con libaciones de agua mezcladas con miel y jugo de uva, que simbolizaba la semilla masculina que hacía la tierra fértil.

GENITALES FEMENINOS

Genitales femeninos
Aspecto: magnético
Fondo = neutro
Lados izquierdo y derecho = neutros
Interior = eléctrico

El simbolismo ligado al mundo femenino está presente en la iconografía artística y en las religiones de las culturas más antiguas. La mujer siempre ha sido considerada como quien lleva, protege y nutre la vida. Los objetos consagrados a esta función simbólica suelen ser aptos para contener cosas: floreros, jarrones, cuencos o cestas. La mujer también está vinculada a las imágenes sexuales: las conchas, el rombo o el triángulo invertido. Las cualidades que se atribuyen tradicionalmente a las mujeres son la intuición, la emoción, la pasividad y el inconsciente, el amor y la pureza.

PIES

Los pies
Dorso y fondo = neutro
Lados derecho e izquierdo = magnéticos
Interior = neutro

Los pies son la parte del cuerpo que nos une a la tierra, al mundo. La mitología griega contiene numerosas historias en las que esta parte del cuerpo está cargada de un simbolismo muy poderoso. Por ejemplo, Zeus lanzó fuera del Olimpo, tomándolo por un pie y dejándolo cojo, a Hefesto, que se atrevió a intervenir en una discusión entre él y Hera. Otra versión sostiene que fue su madre la que lo tiró al nacer, a causa de su fealdad. Aquiles «el de pies veloces» era invulnerable en todas las partes de su cuerpo, excepto en el talón, justo por donde su madre, la ninfa Tetis, lo sostuvo cuando lo sumergió en la laguna Estigia. La epopeya cuenta que el héroe murió alcanzado por una flecha lanzada por Paris o por el mismo Apolo, que le atravesó el talón.

La religión judía y la cristiana identifican en los pies el símbolo de la humildad y el respeto. Así, en el éxodo Dios le dijo a Moisés cuando se le apareció en forma de zarza ardiente: «¡No te acerques! ¡Quítate las sandalias de los pies, porque el lugar en que estás es tierra santa!». Incluso en el Evangelio de Lucas se encuentran pasajes que expresan esta relación simbólica: «Y he aquí que una mujer, una pecadora de aquella ciudad, sabiendo que Jesús estaba en casa del fariseo, trajo un frasco de aceite perfumado, y estando cerca de Sus pies llorando comenzó a lavarlos con sus lágrimas y los secó con sus cabellos, los besó y los ungió con el aceite perfumado».

El rito de la ablución del Jueves Santo, o el lavado de los pies para la purificación del espíritu, deriva del gesto de Jesús hacia los apóstoles descrito en el Evangelio según san Juan. En algunas mezquitas las huellas dejadas por los pies de Mahoma son objeto de veneración.

MUNDO DE LA FORMACIÓN
OLAM HA YETZIRAH
AIRE - ESPADAS
ÁNGEL

MUNDO MANIFIESTO
OLAM HA ASSIAH
TIERRA OROS
TORO

LALANA CHAKRA

GUEVURAH
SALA DE JUSTICIA

Vayu
TATWA : AIRE

SÍLFIDES

ANANDA KANDA
CHAKRA DEL CORAZÓN
8 PÉTALOS

IV SEFIRAH 4 - 5 - 6:
HESSED - GUEBURAH - TIFERET

anahata chakra

CARDÍACO • 12 PÉTALOS
RUAJ GUEVURAH TIFERET
CAPILLA ROSA + CRUZ
CORAZÓN = ARCA CARDIS
PLEXO CARDÍACO, ALTAR DE LOS PERFÚMENES
EN TIFERET: SOL, PLEXO SOLAR EN GUEVURAH
ESTÁ EN LA MESA DE LOS PANES DE PROPOSICIONES Y ENCHESED
EL CANDELABRO DE SIETE BRAZOS

EN HOD ESTÁ LA SALA DE MERLÍN EL MAGO

tejas
TATWA: FUEGO

SALAMANDRAS

III SHEFIRAH 7 - 8
HOD - NETZAJ
MANIPURA CHAKRA
IMBILICAL • 16 PÉTALOS

apas
TATWA: AGUA

ONDINAS

II SHEFIRAH 9 IESOD

swadistana chakra
ESPLÉNICO • 6 PÉTALOS
NEPHESH CHA JIHU O KUAM HA GUPH

ANTECÁMARA Y CASA DE PODER
PLEXO PÉLVICO Y ALTAR DE LOS HOLOCAUSTOS
PLEXO ESPLÉNICO
SALA DE LA MESA DEL REY

pritheVI
TAIWA: TIERRA

EL TACTO
GNOMOS

I SHEFIRAH 10 MALJUT

muladhara chakra

FUNDAMENTAL • 4 PÉTALOS
GUF GAF
SALA DE LAS FUNDACIONES

TABLA RESUMEN

Cábala	**Chakra**	**Templo de Salomón**	**Castillo de Camelot**	**Glándula**	**Astrología**
Keter	*Sahasrara*	Sancta Sanctorum	Almenas	Pineal	Aries
Binah *Jojmá*	*Ajna*	El Santo	Sala del Rey y de la Reina	Pituitaria	Tauro
Daat	*Vishudda*	Sala de la Torre	Sala del Gobierno	Tiroides	Cáncer Géminis
Hessed *Tiferet* *Guevurah*	*Anahata*	Altar de los perfumes	Capilla Rosa + Cruz	Timo	Virgo, Libra, Escorpio
Hod Netzaj	*Manipura*	Atrio	Sala de Merlín	Páncreas	Sagitario Capricornio
Iesod	*Svadisthana*	Altar de los Holocaustos	Estancia del poder	Gónadas	Acuario
Maljut	*Muladhara*	Columnata	Estancia de los Fundamentos	Suprarrenales	Piscis

ANATOMÍA OCULTA

Templo de Salomón — Castillo de Camelot

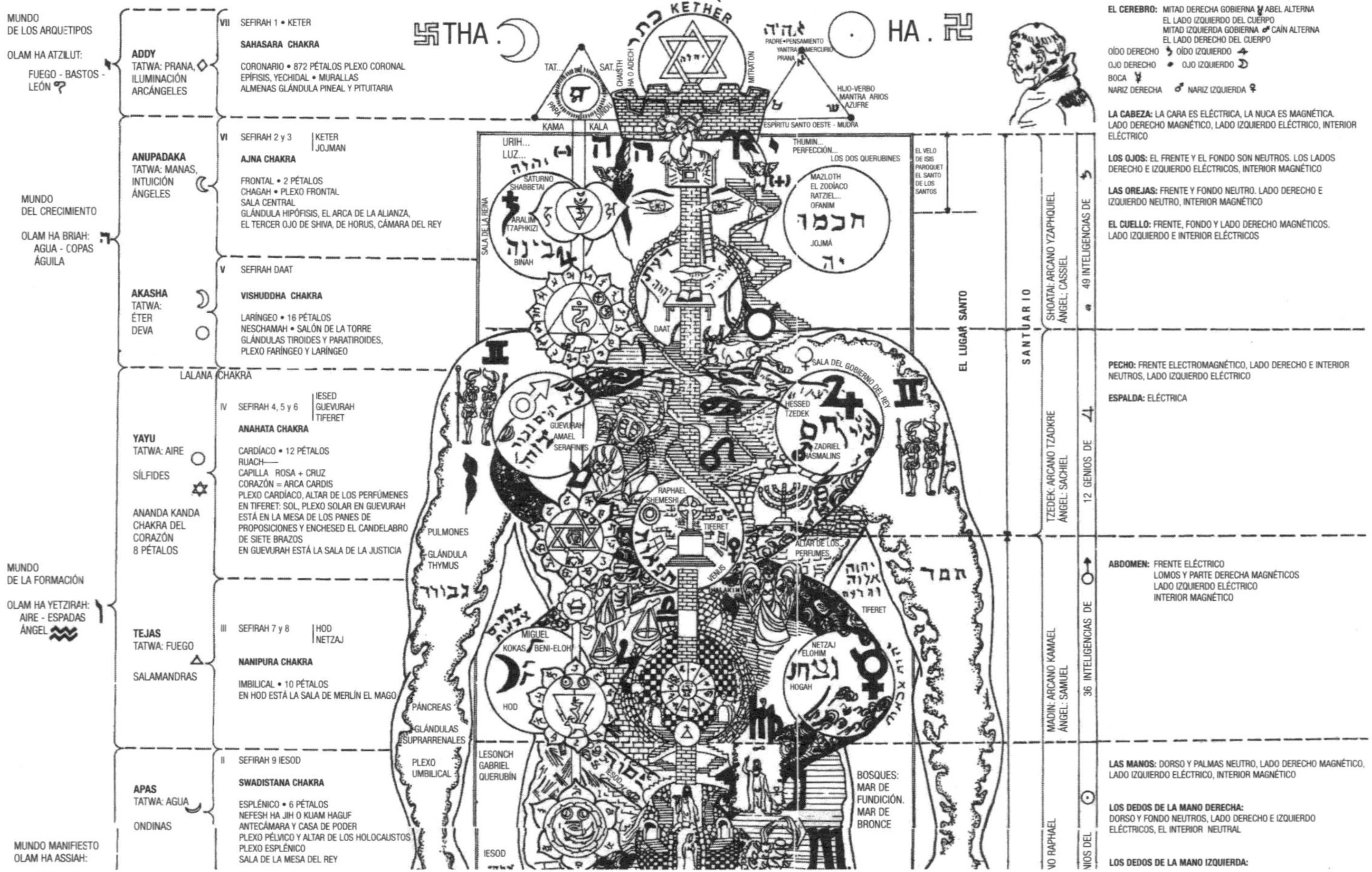

TIERRA - OROS
TORO ♉

PRITHE VI
TAIWA: TIERRA
EL TACTO □
GNOMOS

I SEFIRAH 10 MALJUT

MULADHARA CHAKRA

FUNDAMENTAL • 4 PÉTALOS
GUPH GAPH
SALA DE LAS FUNDACIONES

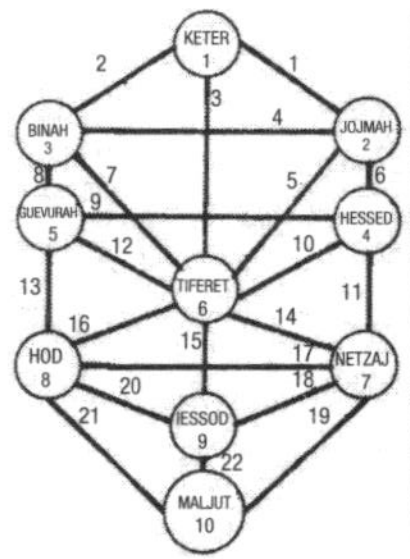

EL ÁRBOL DE LA SABIDURÍA

ARCANO	LETRA	FIGURA	ARCANO	LETRA	FIGURA
ALFABETO HEBREO					
1	ALEF	א	12	ALEF	ל
2	BETH	ב	13	BETH	מ
3	GUIMEL	ג	14	GUIMEL	נ
4	DALET	ד	15	DALET	ס
5	HE	ה	16	HE	ע
6	VAV	ו	17	VAV	פ
7	ZAIN	ז	18	ZAIN	צ
8	JET	ח	19	JET	ק
9	TET	ט	20	TET	ר
10	IOD	י	21	IOD	ש
11	JAF	כ	22	JAF	ת

LAS DIEZ SEFIROT

	SEFIROT	N. CABALÍSTICOS	N. CRISTIANOS	ATRIBUTOS	CUERPOS
1	KETER	HAYYOT HA KADOSH	SERAFINES	CORONA SUPREMA	PADRE
2	JOJMÁ	OFANIM	QUERUBINES	SABIDURÍA	HIJO
3	BINAH	ARALIM	TRONOS	INTELIGENCIA	ESPÍRITU SANTO
4	HESSED	HASHMALIM	DOMINACIONES	AMOR	ÍNTIMO
5	GUEVURAH	SERAPHIM	POTESTADES	JUSTICIA	ALMA DIVINA
6	TIFERET	MELAJIM	VIRTUDES	BELLEZA	ALMA HUMANA
7	NETZAJ	ELOHIM	PRINCIPADOS	VICTORIA	CUERPO MENTAL
8	HOD	BENI-ELOHIM	ARCÁNGELES	ESPLENDOR	CUERPO ASTRAL
9	IESOD	QERUBÍN	ÁNGELES	FUNDAMENTO	CUERPO VITAL
10	MALJUT	ISCHIM	INICIADOS	EL REINO	CUERPO FÍSICO

KUNDALINI = RUACH ELOHIM
ESPÍRITU SANTO

PASIVA (-)

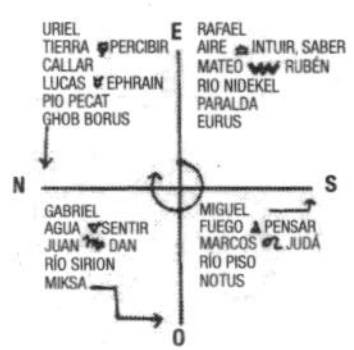

LUNA	☽
MERCURIO	☿
VENUS	♀
SOL	☉
MARTE	♂
JÚPITER	♃
SATURNO	♄

BOAZ
COLUMNA NEGRA DEL NORTE
REPRESENTA EVA. PILAR DE NUBES, QUERUBÍN IZQUIERDO SANDALPHON. FEMINIDAD

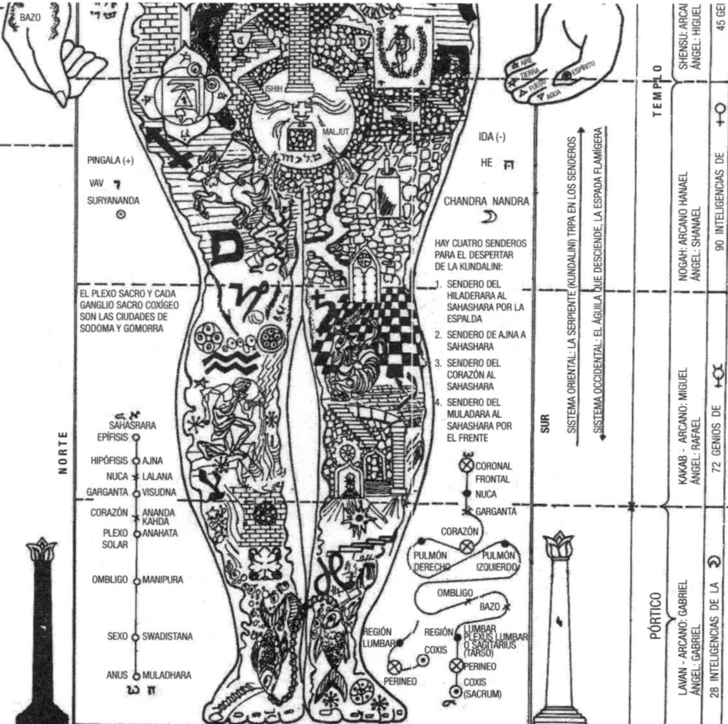

DORSO Y FONDO NEUTROS, LADO IZQUIERDO Y DERECHO ELÉCTRICOS
EL INTERIOR NEUTRO

LOS ÓRGANOS MASCULINOS:
FRENTE ELÉCTRICO, FONDO NEUTRO, LADO DERECHO E IZQUIERDO NEUTROS, EL INTERIOR MAGNÉTICO

LOS ÓRGANOS FEMENINOS:
FRENTE MAGNÉTICO, FONDO NEUTRO, LADO DERECHO E IZQUIERDO NEUTROS, EL INTERIOR ELÉCTRICO

LA ÚLTIMA VÉRTEBRA JUNTAMENTE CON EL ANO:
FRENTE Y FONDO NEUTROS, LADO DERECHO E IZQUIERDO NEUTROS, EL INTERIOR MAGNÉTICO

LOS PIES:
DORSO Y FONDO NEUTROS, LADO DERECHO MAGNÉTICO, LADO IZQUIERDO ELÉCTRICO, INTERIOR NEUTRO

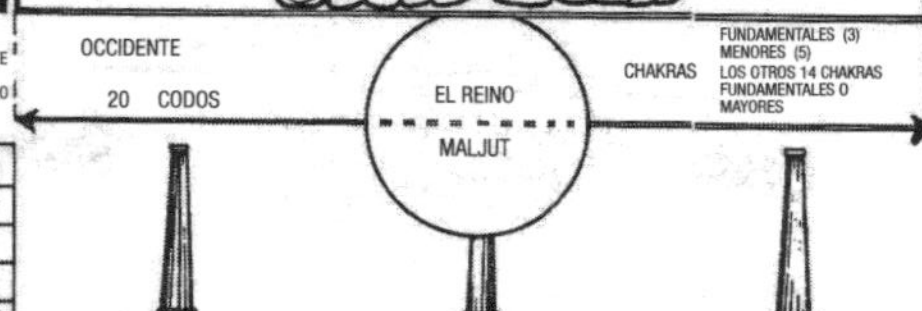

JACHIN:
PILAR BLANCO DEL SUR.
REPRESENTA: MASCULINIDAD
ADÁN, PILAR DE LUZ Y FUEGO,
QUERUBÍN DERECHO METRATÓN.

PILAR DE LA FORMA
COLUMNA DEL RIGOR
OR HACHOSER
YIN PASIVA (-)
OB
HAMODI DINA

PILAR DEL MEDIO
COLUMNA DEL EQUILIBRIO
SHUSHUMA
TAO AUR
HAMODI HAMAGI

PILAR DE LA FUERZA
COLUMNA DE LA MISERICORDIA
OR HAJASCHOR
YANG ACTIVA (+)
OD

ARIES	♈	LIBRA	♎
TAURO	♉	ESCORPIÓN	♏
GÉMINIS	♊	SAGITARIO	♐
CÁNCER	♋	CAPRICORNIO	♑
LEO	♌	ACUARIO	♒
VIRGO	♍	PISCIS	♓

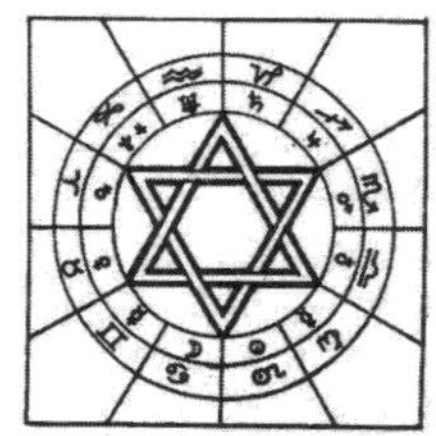

NOTAS

1. Thomaso Palamidessi, del capítulo «Funzioni occultate e disoccultate del simbolo», extraído de *Quaderno de Archeosofia* n. 14.
2. Ireneo de Lyon, *Contro le eresie e gli altri scritt*, editado por E. Bellini, Milán, Jaka Book, 1981: «*Glorificabitur autem Deus in suo plasmate, conforme illud et consequens suo puero adaptans. Per manus enim Patris, id est per Filium et Spiritum fit homo secundum similitudinem Dei, sed non pars hominis. Anima autem et spiritus pars hominis esse possunt, homo autem nequaquam: perfectus autem homo, commistio et adunitio est animae assumentis Spiritum Patris, et admista ei carni, quae plasmata est secundum imaginem Dei... Si enim substantiam tollat aliquis carnis, id est plasmatis, et nude ipsum solum spiritum intelligat, jam non spiritualis homo est, quod est tale, sed spiritus hominis aut Spiritus Dei. Cum autem Spiritus hic commistus animae unitur plasmati; propter effusionem Spiritus, spirituali set perfectus homo factus est: et hic est qui secundum imaginem et similitudinem factus est Dei. Si autem defuerit animae Spiritus, animalis est vere, qui est talis, et carnalis derelictus imperfectus erit; imaginem quidem habens in plasmate, similitudinem vero non assumens per Spiritum. Sicut autem hic imperfectus est*».
3. Tertuliano, *De resurrectione carnis*, in PL 2, VIII, 2-3, 806 A-B: «[...] *a deo caro salutis est cardo. Denique cum anima Deo allegitur, ipsa est quae efficit ut anima allegi possit. Scilicet caro abluitur, ut*

anima emaculetur; caro ungitur, ut anima consecretur; caro signatur, ut et anima muniatur; caro manus impositione adumbratur ut et anima spiritu illuminetur; caro corpore et sanguine Christi vescitur, ut et anima Deo saginetur. Non possunt ergo separari in mercede, quas opera conjungit». Tr. it. C. Moreschini, Opere scelte di QSF Tertuliano, Turín, UTET, 1999, p. 537.

4. *Le livre secret des Cathares, Interrogatio Iohannis, Apocryphe d'origine bogomile*. Edición crítica, traducción, comentarios de E. Bozoky, París, Beauchesne, 1980, pp. 58-64: «*Et postea excogitavit et fecit hominem ad serviendum ei vel sibi. Et precepit angelo tertii celi intrare in corpus luteum et tulit de eo et fecit aliud corpus in formam mulieris et precepit angelo secundi celi <intrare> in corpus mulieris. Angeli vero ploraverunt videntes in se formam mortalem et esse dissimiles forma. Et precepit opus carnale facere in corporibus luteis et non intellexerunt facere peccatum. Sed iniziato malorum cum suo ingenio ita cogitavit ut faceret paradisum et introduxit homines. Et precepit adducere et plantavit dyabolus arundinem in medio paradisi et de sputo suo (fecit) serpentem, et precepit ei abitare in arundine, et ita celavit ingenium suum dyabolus nequam ut ipsi non cognoscerent deceptionem eius. Et intrabat et loquebatur ad eos dicens: De omni fructu qui est in paradiso comedite, de fructu vero scientie boni et mali nolite comedere. Et iterum intravit dyabolus in serpentem nequam et seduxit angelum qui erat in forma mulieris et effudit super ea concupiscentiam peccatorum et fecit concupiscentiam suam cum Eva in cauda serpentis. Et ideo dicuntur filii dyaboli <et filii serpentis facientes concupiscentiam dyaboli> patris eorum usque ad consummationem huius seculi… Et iterum effudit dyabolus in angelo qui erat in Adam venenum suum et concupiscentiam que generat filios serpentis et filios dyaboli usque ad consummationem huius seculi. Et postea ego Iohannes interrogavi dominum dicens: Quomodo dicunt homines Adam et Evam a Deo creatos esse et in paradiso positos servare precepta patris et morti traditi sunt? Et dixit mihi dominus: Audi, Iohannes, dilecte patris mei: insipientes homines ita dicunt in prevaricatione patrem meum corpora lutea fabricare; sed spiritu sancto omnes virtutes*

celorum fecit; isti propter prevaricationem inventi sunt habentes corpora lutea mortalia et ideo morti traditi sunt... Et iterum ego Iohannes interrogavi dominum: Qualiter homo incipit esse in spiritu in corpore carnali? Et dixit dominus ad me: De caducis angelis de celis ingrediuntur in corporibus mulierum et accipiunt carnem de concupiscentia carnis, et nascitur spiritus de spiritu et caro de carne et ita consummatur regnum Sathane in hoc mundo et in omnibus genti bus».

5. «*Verum, sine mendacio certum et verissimum, quod est inferius, est sicut quod est superius, et quod est superius, est sicut quod est inferius: ad perpetranda miracula rei unius. Et sicut omnes res fuerunt ab uno, mediatione unius; sic omnes res natae fuerunt ab hac una re, adaptatione. Pater eius est sol, mater eius luna; portauit illud ventus in ventre suo: nutrix eius terra est. Pater omnis telesmi totius mundi est hic. Vis eius integra est, si versa fuerit in terram. Separabis terram ab igne, subtile a spisso, suaviter cum magno ingenio. Ascendit a terra in coelum, iterumque descendit in terram, et recipit vim superiorum et inferiorum. Sic habebis gloriam totius mundi. Ideo fugiat a te omnis obscuritas. Hic est totius fortitudinis fortitudo fortis; quia vincet omnem rem subtilem, omnemque solidam penetrabit. Sic mundus creatus est. Hinc erunt adaptationes mirabiles, quarum modus hic est. Itaque vocatus sum Hermes Trismegistus, habens tres partes philosophiæ totius mundi. Completum est quod dixi de operatione solis*».

Traducción: «Es verdad sin mentira, cierto y muy verdadero. Lo que está abajo es como lo que está arriba y lo que está arriba es como lo que está abajo para hacer los milagros de una única cosa. Y como todas las cosas son y provienen del uno, por la mediación de una, así todas las cosas nacen de esta única cosa mediante la adaptación. El Sol es su padre, su madre la Luna, el viento la llevó en su vientre, la Tierra es su nodriza. El padre de todo, el fin de todo el mundo está aquí. Su fuerza o poder es entero si se convierte en Tierra. Separarás la Tierra del Fuego, lo sutil de lo bruto con dulzura y con gran industria. Asciende desde la Tierra al Cielo y desciende de nuevo a la Tierra y recibe la fuerza de las cosas superiores e inferiores. Con este medio tendrás la gloria del mundo y por medio de esto la oscuridad huirá de ti. Es la fuerza por encima de toda fuerza: porque vencerá toda cosa sutil y penetrará en toda cosa sólida. De este modo se ha creado el mundo. A partir de esto serán y devendrán adaptaciones admirables, cuyo método está aquí. Es por eso que se me ha llamado Hermes Trismegisto, teniendo las tres partes de la filosofía de todo el mundo. Completo es aquello que he dicho de las operaciones del Sol».

6. Rudolf Steiner (1861-1925) fue filósofo, educador, esotérico, artista y reformador social austríaco. Es el fundador de la antroposofía, viaje filosófico que postula la existencia de un mundo espiritual, intelectualmente comprensible y accesible a una experiencia directa por medio del crecimiento y el desarrollo interior. Ésta propone la investigación y descripción de estos fenómenos espirituales por medio de una observación anímica a través del método científico.
7. Steiner, R., *La ciencia oculta* [en 1910], cap. II.
8. Ibíd.
9. Tesis confirmada de Sarane Alexandrian en *Storia della filosofia occulta*, p. 97.
10. Ibíd, pp. 102-103.
11. En la descripción del sistema endocrino según la *anatomía oculta* se hace referencia a la tesis de Max Heindel (Carl Louis von Grasshoff, Aarhus, 1865-1919). Fue un esoterista y astrólogo danés naturalizado estadounidense, fundador de la Rosicrucian Fellowship (Fraternidad Rosacruz), establecida a día de hoy en Mount Ecclesia, en la ciudad de Oceanside, California. En su obra *Principi occulti di guarigione* (ed. Del Cigno), Heindel delinea la visión de la ciencia esotérica en torno a la enfermedad y la curación argumentando que la enfermedad tiene una relación directa con el enfermo y con su comportamiento y, por lo tanto, también la curación está relacionada con la comprensión y la reforma de las causas que la provocan.
12. Heindel, M., *op. cit.*, p. 96.
13. Ibíd, p. 96.

14. Ibíd, p. 98.
15. El *Tao Te Ching* (o *Dao De Jing*) es considerada una obra de inmenso valor cultural. Cubre campos que abarcan desde la filosofía a la espiritualidad individual, y a las dinámicas de las relaciones interpersonales. El libro contiene instrucciones *ocultas*, es decir, en forma de aforismos y metáforas, sobre la visión espiritual del mundo, la meditación y la respiración.
16. Para la descripción del funcionamiento de vísceras y órganos, se ha hecho referencia a los fundamentos de la medicina tradicional china explicados por Franco Bottalo, presidente del DEO (Istituto Superiore di Formazione in Discipline Energetiche Orientali). Para más detalles, que no están previstos a los efectos del presente tratado, consultar su texto en la bibliografía.
17. En Fiorenzuola, F. y Parenti, F., *op. cit.*
18. En Tresoldi, R., *op. cit.,* p. 100.
19. El *corpus* se divide en dos partes: el *Pimander*, traducido en 1463 por Marsilio Ficino se compone de catorce libros y trata de la creación; el *Asclepius*, que ya circulaba en la época medieval en la versión atribuida a Apuleyo de Madaura, es un tratado de magia talismánica en el que se establecen las prácticas de los sacerdotes egipcios dirigidas a la animación de estatuas, mediante la interacción con fuerzas sobrenaturales.
20. De la vasta obra de Bacon hay que recordar en primer lugar la *Opus maius*, la *Opus minus* y la *Opus tertium*, enviadas entre 1267 y 1268, tal vez junto con el *Tractatus de multiplicatione specierum*, a Clemente IV como anticipación de un *Opus* o *Scriptum* principal, gran enciclopedia de las ciencias en cuatro partes (que podría haber tenido el título de *Compendium Philosophiae*) en el que estaba trabajando, pero que nunca consiguió llevar a término (quedan algunas partes, entre las cuales están: *Compendium philosophiae studi*, *Communia mathematicae*, y *Communia naturalia*).
21. Sociedad aramea del Asia anterior, quizás originaria de Arabia oriental, que hasta el siglo XI d. C. entró en Mesopotamia, estableciéndose entre Babilonia y el Golfo Pérsico.

22. La obra astrológica escrita por Ptolomeo en el siglo II; esta obra se considera el texto fundamental de la astrología clásica en la que se basa la astrología occidental. El primer libro es la introducción a la astrología, con la descripción de la naturaleza de los diversos planetas y los signos del zodiaco. En el segundo libro Ptolomeo desarrolla de una manera original la astrología mundana, es decir, el estudio de las supuestas influencias de las estrellas en los eventos terrenales, y sobre las naciones. En el tercer libro desarrolla la astrología natal o individual y se explica cómo, de acuerdo con las creencias de Ptolomeo, se interpretan las diversas relaciones entre los planetas, grados y signos del zodiaco asociadas con el nacimiento, es decir, la influencia de la ubicación de los distintos planetas en el momento del nacimiento en el desarrollo de la personalidad y también en las características físicas de un individuo.
23. *Acerba* de Cecco d'Ascoli, un poema didáctico en cerca de cinco mil versos, tuvo un gran éxito debido a la fama de su autor, médico y astrólogo, que fue condenado a muerte por herejía en 1327. Además de ser reproducido en numerosos incunables (Venecia, 1476, 1481, 1487 y 1493; y Milán, 1484), también fue objeto de un comentario, atribuido a Nicola Massetti.
24. Erwin Panofsky (Hannover, 30 de marzo de 1892-Princeton, 14 de marzo de 1968) fue un historiador alemán naturalizado estadounidense. Definición de Icología recuperada de C. Frugoni en *Enciclopedia dell'arte medievale*, Treccani, 1991.
25. E. Cassirer, *Saggio sull'uomo*, Armando, Roma, 1994, vol. 2, pp. 79-81.
26. Gaynoe F., *Dictionary of mysticism*, Nueva York, Philosophical Library, 2007
27. El nombre «espagírico» proviene de dos raíces griegas: *spaein*, que significa 'extraer', y *ageirein*, que significa 'reunir'. El padre de la medicina espagírica es Paracelso. El procedimiento consiste en extraer con el uso de diferentes métodos los principios activos de una planta entera, alcanzando así diversas fracciones que al final se combinan de nuevo, concentradas, depuradas y potenciadas.

BIBLIOGRAFÍA

AA.VV.: *Il libro dei simboli*, Taschen, Milán, 2011.

ALEXANDRIAN, S.: *Storia della filosofia occulta*, Mondadori, Milán, 1995.

ANODEA, J.: *Il libro dei chakra*, Neri Pozza, Milán, 2009.

BACKER, D.: *Anatomia esoterica*, Crisalide, Spigno Saturnia, 1998-1899. 2 vols.

BOTTALO, F. y BROTZU, R. (1999): *Fondamenti di Medicina Tradizionale Cinese*, Xenia, Milán, 2006.

DISCEPOLO, C.: *Fondamenti di astrologia medica*, Armenia, Milán, 1995.

FIORENZOLA, F. y PARENTI, F.: *Medicina e magia nell'antico Oriente*, Keybook, Santarcangelo di Romagna, 2010.

GATTO TROCCHI, C.: *Enciclopedia illustrata dei simboli*, Gremese, Roma, 2004.

HEINDEL, M.: *Principi occulti di salute e guarigione*, Del Cigno, Peschiera del Garda, 2000.

JUNG, C. G.: *La saggezza orientale*, Bollati Boringhieri, Turín, 1983.

—: «Psicologia e alchimia», en *Opere* vol. 12, Bollati Boringhieri, Turín, 1995.

—: «Gli archetipi e l'inconscio collettivo», en *Opere* vol. 9*, Bollati Boringhieri, Turín, 997.

KRAMER, D.: *Terapie esoteriche*, Mediterranée, Roma, 1998.

LOWEN, A.: *Il linguaggio del corpo*, Feltrinelli, Milán, 2005.

POWEL, A.: *Corpo mentale*, Bis, Milán, 2008.
SANSON, M.: «Il corpo nell'opera di Francesco d'Assisi e Iacopone da Todi», Doctorado, Università degli Studi, Trento, 2010.
SCHELER, M.: *La posizione dell'uomo nel cosmo*, Franco Angeli, Milán, 2008.
SHOLEM, G.: *La cabala*, Mediterranée, Roma, 1983.
SOUZENELLE, A.: *Il simbolismo del corpo umano*, Servitium, Milán, 2005.
STEINER, R.: *La scienza occulta nelle sue linee generali*, Laterza, Bari, 1947.
TRESOLDI, R.: *Enciclopedia dell'esoterismo*, De Vecchi, Milán, 2002.
TROISI, M.: *Dizionario dell'alchimia*, Bastogi, Foggia, 1997.

ÍNDICE

El universo entero vibra, y cualquier forma de vida es un conjunto de vibraciones que coincide con la frecuencia armónica con la que la vida en sí guarda consonancia. Sin embargo, cuando nos vemos afectados por el estrés, ya sea físico o emocional, las vibraciones del cuerpo se ven fácilmente descompensadas.

La sanación vibracional a través de los chakras contiene la información más actual sobre cómo utilizar las vibraciones de herramientas tales como cristales, aromas, sonidos, trabajo corporal y homeopatía a fin de que el cuerpo vuelva a resonar armoniosamente y a gozar de buena salud.

Joy Gardner, autora de bestsellers en salud vibracional, gracias a su impresionante formación en salud holística, ha reunido aquí un estudio detallado de la sanación mediante las frecuencias vibratorias y ha creado una guía dirigida tanto a quien simplemente desee gozar de buena salud como a todo aquel que quiera dedicarse a esta ciencia tan sutil.